मास्टर योर चॉइस

सही चुनाव कैसे करें?

जतिन सिंह

यह किताब उन सभी दोस्तों को समर्पित है जिनके साथ मैंने किताबें पढ़ीं। विशेष रूप से मैं अपने माता-पिता और शिक्षकों को समर्पित करता हूं।

क्रम-सूची

क्रम-सूची

पावती (स्वीकृति)

सबसे पहले मुझे इस किताब लिखने के लिये शक्ति देने वाले और मुझे आशीर्वाद देने वाले ईश्वर का धन्यवाद करता हूँ | जिस की कृपा के बिना एक पत्ता तक नहीं हिल सकता हैं | पर, आज मैं उनकी कृपा से बहुत बेहतरीन विषय पर किताब लिख रहा हूँ | जिसे पढ़ कर हर व्यक्ति आत्मनिर्भर की पहली सीढ़ी पर चढ़ सकता हैं | उसके बाद, मैं शुक्रगुज़ार हूँ अपने माता-पिता का जिनकी वजह ही आज इतना काबिल हो सका कि आज मैं दूसरों को अपना ज्ञान किताबों के द्वारा दे पा रहा हूँ | फिर मैं आभार व्यक्त करना चाहता हूँ इंटरनेट सेवा का जिसकी वजह से मैं अपनी किताब की रिसर्च को पूरा कर सका और आज कि टेक्नोलॉजी आर्टिफिशल इंटेलीजेंस का जिसकी मदद से मैं इस पुस्तक की रूपरेखा लें सका | इसके साथ मैं आभारी हूँ लोकप्रिय कोच और स्पीकर जैसे कि संदीप माहेश्वरी, कोचभूपेंद्र सिंह राठौर, विकास दिव्यभारती और सतगुरु जी का जिस से मैं इस विषय के बारे में ज्ञान लिया और अब आपके साथ साझा कर रहा हूँ | उसके बाद मैं स्पेशल धन्यवाद करना चाहता हूँ अपने गुरु कोच बी एस आर का जिन्होंने ने मुझे बेहतरीन बुक लिखने का आशीर्वाद दिया |

मैं विशेष धन्यवाद करना चाहता हूँ तापसी उपाध्याय (बटेक पानी पूरी वाली) का जिन्हों ने अपना सहयोग और एक अच्छी गाइड इस किताब में हमें दी हैं |

धन्यवाद! सब पाठकों का | इस पुस्तक को ख़रीदने के लिए और पढ़ने लें लिए | क्योंकि आप के एक किताब खरीदने से आप उन लोगों कि मदद कर रहे हैं जों असहाय हैं | मैंने यह निश्चय किया इस पुस्तक का जितना भी मुनाफा होगा उसमें से 25% मुनाफा लाचार लोगों के ईलाज और 25% बच्चों की शिक्षा में खर्च होगा | इसमें आपका सहयोग बहुत जरूरी हैं | आपका एक रूपया व्यर्थ नही जाएगा, यह जतिन सिंह का वादा हैं |

प्रस्तावना

"मास्टर योर चॉइस" बुक की व्याख्या एक मार्गदर्शक है जो उच्चस्तरीय चुनाव करने और बेहतर निर्णय लेने के लिए युवाओं को गाइड करती हैं । यह बुक एक अद्यतित, व्यापक और तत्ववादी माध्यम के रूप में निर्माण की गई है जो व्यावसायिक और व्यक्तिगत स्तरों पर निर्णय लेने के लिए सहायता करेगा।

यह किताब लिखने का मुख्य मकसद युवाओं के अंदर निर्णय लेने की कला का विकास करना हैं | हम देखते हैं युवा अपने ज़िन्दगी के अहम मसले के निर्णय दूसरों के द्वारा थोपे या दूसरों के द्वारा लिए निर्णय पर निर्भर रहता हैं | होना यह चाहिए था, माता-पिता अपने बच्चों को निर्णय लेना सिखाना चाहिए था कि कैसे सही या गलत फैसलों का चुनाव किया जाता हैं | पर हो रहा इसके विपरीत ही हैं यह सब के लिये नहीं हैं, उन लोगों के लिये हैं जो इससे संक्रमण हैं |

युवाओं में अगर यह कला आ जाती हैं वह एक लीडर होने का रोल निभाते हैं | उन्हें अनुभव की कमी नहीं होती हैं| वह जैसे भी परिस्थिति हो उसमें उचित निर्णय ले पाते हैं और लोगों में अपना विश्वास बना पाते हैं | अगर आप लीडर बना चाहते हैं | आप उच्च स्तर के निर्णय निर्भय और समझदारी से लेना चाहते हैं | तो यह पुस्तक आप के लिए लाभकारी हैं | मुझे इस बात पर पूर्ण विश्वास हैं इस पुस्तक पढ़ने के बाद निर्णय लेने के बारे उचित जानकारी प्राप्त करेंगे |

इस पुस्तक को पढ़ने से आप अपने निर्णय लेने की क्षमता को विकसित करेंगे | आप अपने संगठन में अधिक प्रभावी और सफल बनेंगे और आप अपने व्यक्तिगत जीवन में उन्नति प्राप्त करेंगे।

यह पुस्तक केवल युवाओं के लिये नहीं हैं, बल्कि उन लोगों के लिए भी हैं जों अपने निर्णय शक्ति को बढ़ना चाहते हैं | इस पुस्तक में प्रस्तुत किए गए सिद्धांत, उदाहरण, और प्रश्न आपको निर्णय के लिए स्पष्टता प्रदान करेंगे ।

भूमिका

प्रिय पाठक,

आपका स्वागत है "मास्टर योर चॉइस" में। यह पुस्तक सेल्फ-हेल्प और सेल्फ-डेवलपमेंट के लिये लिखी गईं हैं |इस पुस्तक के माध्यम से, लोगों को सही और योग्य निर्णय लेने के लिए उपाय और अनुशासन प्रदान करती है। यह विभिन्न जीवन के क्षेत्रों में, जैसे कि व्यापार, करियर, शिक्षा, और व्यक्तिगत जीवन में एक उपयुक्त साझा बन सकती है |

यह पुस्तक आपके स्वयंसहायता की यात्रा में एक मार्गदर्शक के रूप में सेवा करेगी। इसमें आपको व्यक्तिगत उद्दीपना, स्वयं विश्लेषण और समस्याओं का समाधान प्राप्त करने के लिए मार्गदर्शन दिया जाएगा। हमें पूरी उम्मीद है कि यह पुस्तक आपके जीवन में प्रेरणा, समृद्धि और आनंद का स्रोत सिद्ध करेगी।

यह पुस्तक तत्परता से लिखी गई है और इसमें आपकी आत्मानुभूति, ज्ञान, और अनुभव की गहराई शामिल है। हम आपको एक अधिक सशक्त, स्वावलंबी, और संतुष्ट व्यक्ति बनाने के लिए और इस पुस्तक का लाभ उठाने का संकल्प लेते हैं।

इस पुस्तक को आपके साथ बढ़ते हुए एक साथी की भूमिका में प्रस्तुत करते हैं, जो आपको समृद्धि, संतुष्टि, और आनंद की ओर ले जाने में मदद करेगा। यहां से हम साथ चलेंगे, एक नये सपनों के साथ और आपके स्वयंसहायता की प्राप्ति में एक दिवसीय परिवर्तन लाने की दिशा में अग्रसर होंगे।

इस पुस्तक के प्रत्येक पृष्ठ में, हमें यह आशा है कि आप अद्यतित तत्वों, सर्वोत्तम विचारों, और प्रेरणादायक उदाहरण का आनंद लेंगे। हमारी उम्मीद है कि यह पुस्तक आपके जीवन को बदलने और उत्कृष्टता की ओर ले जाने में सहायता करेगी | हम आपके पठन और उपयोग के लिए आभारी हैं। हमें आशा है कि आपको यह पुस्तक पसंद आएगी और यह आपकी आत्मनिर्भरता में वृद्धि लाएगी। अगर आपको यह पुस्तक लाभकारी लगती हैं या फिर आपको लगता हैं इस किताब की सहायता से आप दूसरों कि मदद कर सकते है तो इस किताब को उनके साथ अवश्य साझा करें|

प्रेम और शुभकामनाएं,

जतिन सिंह

मास्टर योर चॉइस

परिचय

जतिन सिंह

मेरा नाम जतिन सिंह हैं | मेरा जन्म और मेरी स्कूली शिक्षा अबोहर (पंजाब) से ही हुई हैं | मैंने मेकैनिक इंजीनियरिंग में ग्रेजुएशन की हैं | मुझे जॉब करते 7 साल हो चुके हैं | मैं इसके साथ फाउंडर ऑफ़ जतिन एकेडमी,कवि, लेखक, डिजिटल क्रिएटर, ट्रेनर और इंस्पिरेशनल स्पीकर हूँ | इसके लिये मैंने कई स्किल सीखी हैं जैसे यूट्यूब के लिए वीडियो बनना, पब्लिक स्पीकिंग, सेल्लिंग स्किल इत्यादि | अभी भी इनमें मैं ज्ञान अर्जित कर रहा हूँ ताकि इसमें मैं मास्टर बन कर अपने मिशन को सम्पूर्ण रूप से सफल बना सकूँ | मुझे लिखने का शौक हैं और अपने जज़्बात को बाहर निकालने लिये कविता लिखनी शुरू की | फिर मैंने अपनी पहली किताब लिखी "कलम में जान हैं"जिसे लोगों ने बहुत प्यार दिया और अभी भी दे रहे हैं | अगर आप ने अभी तक नहीं पढ़ी हैं तो इस पुस्तक के बाद उसे भी पढ़े | यह मेरी ज़िन्दगी की पहली किताब हैं उसमें मैंने अपनी ज़िन्दगी की सीख को काव्य के माध्यम से बताया हैं | उसके बाद मैंने कई पब्लिकेशन के द्वारा

मेरी कविताओं को उनकी अपनी अन्थोलॉजी में शामिल किया गया है | जैसे कि **"कलमबोलतीहै"** – *Poetry Stage,* "*wave of resonance*" – *The wordings, The Unwind- The wordslingers, #haqsesinglehai*इत्यादि में मेरी कविताएं छप चुकी है और आगे भी जारी हैं | मेरा मिशन हैं"सशक्त लोग, सशक्त राष्ट्र" | इसके द्वारा मैं अपनी जिंदगी में **40** करोड़ लोगों को प्रेरित करना चाहता हूँ | वह अपने जीवन में आत्मनिर्भर बने,चाहे वह फाइनेंसियल रूप से अच्छे हैं या नहीं | मैं उनको करियर के बारे में भी गाइड कर सकूँ, ताकि वह अपनी जिंदगी के खुद निर्माता और आत्मनिर्भर बने, अपने खर्चे ख़ुद चला सके और हो सके तो अपने परिवार, समाज में अपना योगदान दे सके | इस लिये मैं अपने गुरु जी के मंत्र को बहुत मानता हूँ वह यह हैं :-

> *""जब आप निस्वार्थ भाव से दूसरों की सेवा करते हो, तो ब्रह्मांड आपको कई गुणा वापिस लौटा कर देता है|""*

उम्मीद हैं की यह किताब लोगों बहुत पसंद आएगी, आप अपने मित्रों और परिजनों को इस पुस्तक लेने के लिये सुझाव देंगे और मेरी इस किताब को ख़रीद कर आप अपना योगदान मेरे मिशन में देंगे | जिनकी मैं मदद करना चाहता हूँ और आत्मनिर्भर बनाना चाहता हूँ | आप अपनी ज़िन्दगी में बेहतरीन निर्णय लें और उसे साबित भी कर पाए यही मैं कामना करता हूँ | इसके साथ अपनी ज़िन्दगी के हर पड़ाव में बेहतरीन निर्णय लेकर सफलता पा सके, यह भगवान से प्रार्थना करता हूँ | मेरा मानना हैं कि

> *""आपके निर्णय ही आपकी सफलता की नींव होते हैं |"~ जतिन सिंह"*

1
निर्णय लेने की अहमियत

हमारी जिंदगी में निर्णय लेने का बहुत महत्व होता है | खास करके युवावस्था में, युवावस्था ऐसा समय होता है जहां पर व्यक्ति अपने जीवन के कार्यों और भविष्य की दिशा को प्रभावित करने वाले निर्णय पर अधिकारिक रूप से उत्तर देता है| इस समय में लिए गए उचित और स्पष्ट निर्णय उनके जीवन में सकारात्मक परिणाम पैदा करते हैं|

युवाओं के निर्णय लेने का महत्व कुछ आम कारणों से प्रकट होता है:

1. <u>व्यक्तिगत विकास:</u> युवा का समय व्यक्तिगत विकास और उनके व्यक्तिगत का निर्माण करने के लिए अनमोल होता है| सही निर्णय लेने से युवा अपने रोजाना रुचियां और क्षमताओं के प्रति जागरूक हो सकते हैं | यह निर्णय उन्हें उनके शक्ति एवं कमजोरियों के बारे में समझने और उनके आगे बढ़ने में सहायता करने में मदद करते हैं|

2. <u>भविष्य की तैयारी:</u> युवा अवस्था में लिए गए निर्णय आने वाले भविष्य के लिए महत्वपूर्ण होते हैं | शिक्षा, व्यवसाय, शादी, आर्थिक निवेश और अन्य प्रमुख निर्णय युवाओं के जीवन को प्रभावित करते हैं| यदि युवा ढंग से निर्णय लेते हैं, तो वह अपने लिए निर्णय पर स्थिर रहे तो वह प्रगतिशील जीवन की दिशा में आगे बढ़ सकते हैं|

3. <u>आत्मविश्वास और स्वाभिमान:</u> सही निर्णय लेने से युवाओं में आत्मविश्वास और स्वाभिमान का विकास होता है| जब हम अपने जीवन की जिम्मेदारियों

को संभालते हैं और उनमें सफलता प्राप्त करते हैं, तो उनको आत्मविश्वास और स्वाभिमान महसूस होता है| इससे उनका व्यक्तिगत और सामाजिक विकास होता है|

4. <u>सामाजिक स्थिति:</u> युवाओं के लिए लिये गए निर्णय सामाजिक स्थिति और सामाजिक उत्कृष्टता पर भी असर डालते हैं| उनकी सामाजिक स्थिति, व्यक्तिगत चुनाव, उच्च शिक्षा प्राप्त करने का फैसला, सामाजिक सेवा में योगदान देना और अन्य सामाजिक मुद्दों पर आधारित होती है| सही और सामाजिक दृष्टिकोण से लिए गए निर्णय, युवाओं को समाज के बेहतर भविष्य के लिए प्रभावित करता है|

इस प्रकार युवा में निर्णय लेने की अहमियत उनके व्यक्तिगत और सामाजिक विकास के लिए महत्वपूर्ण है| सही निर्णय लेने से वह अपने जीवन में प्रगति करते हैं और एक बेहतर भविष्य की ओर बढ़ सकते हैं|

*****

2

निर्णय लेने का सामाजिक और व्यक्तिगत महत्व

निर्णय लेना हर व्यक्ति के जीवन में महत्वपूर्ण है, चाहे वह सामाजिक संदर्भ में हो या व्यक्तिगत| निर्णय लेना एक प्रक्रिया है जिसमें हम विभिन्न विकल्पों के माध्य से एक विकल्प चुनते हैं जो हमारे लक्ष्यों और संकल्पों को पूरा करने में सहायता करेगा | यह न केवल हमें सही दिशा में आगे बढ़ाने में मदद करता है बल्कि यह हमें अपने जीवन को समृद्ध, सामर्थिक और सुखी बनाने में भी सहायता करता है|

सामाजिक संदर्भ में, निर्णय लेना समाज के लिए महत्वपूर्ण होता है| उचित निर्णय लेना अक्सर समाज के हित में आवश्यक होता है चाहे वह राजनीतिक, सामाजिक या आर्थिक मामलों का हो | यह सामरिक समूहों सामाजिक संगठनों और राष्ट्रीय निर्णय निकायों जैसे संस्थानों के लिए विशेष रूप से महत्वपूर्ण है | समाज के लिए निर्णय लेने में सही मार्गदर्शन विचारधारा में लिखता और दूसरे लोगों के साथ मेलजोल का समय पर मूल्यांकन करना भी शामिल होता है|

व्यक्तिगत संदर्भ में, निर्णय लेना हमारे व्यक्तिगत विकास और सफलता के लिए महत्वपूर्ण है| सही निर्णय लेने से हमें अपने जीवन की कमी को पहचानते हैं और उसे सुधारने के लिए कार्यवाही करते हैं| यह हमें अपने लक्ष्यों की प्राप्ति, करियर का निर्माण, स्वास्थ्य की देखभाल, व्यक्तिगत संबंधों की समृद्धि और हमारी उपलब्धियां में सफलता के लिए आवश्यक होता है|

सामाजिक और व्यक्तिगत संदर्भ में निर्णय लेने के महत्वपूर्ण कौशल है जो हमें संघर्षों आपातकालीन स्थितियों और विपदाओं के साथ सामरिक का सुनिश्चित करने में मदद करता है| एक अच्छा निर्णय समाज और व्यक्ति दोनों को सही राह पर ले जाता है और सुरक्षित स्थिर और समृद्ध भविष्य की नींव रखता है|

*****

3

निर्णय लेने की परिभाषा

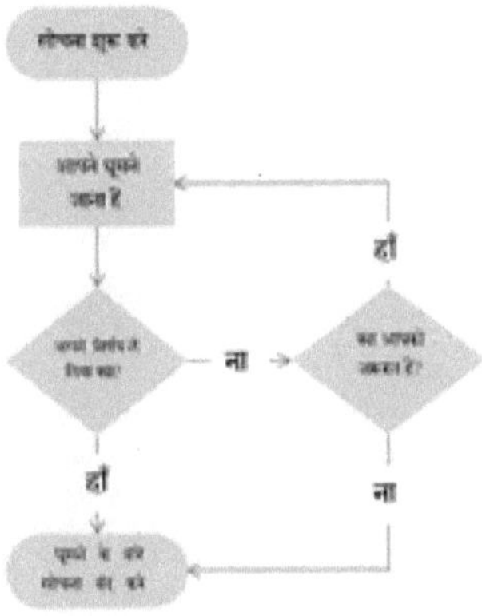

निर्णय लेने की प्रक्रिया

निर्णय लेना एक प्रक्रिया है जिसमें व्यक्ति या समूह द्वारा समस्या स्थिति या विषय के संबंध में जानकारी एकत्रित की जाती है और उस पर विचार किया जाता है ताकि सर्वोत्तम निर्णय लिया जा सके| यह निर्णय लेने की प्रक्रिया विभिन्न चरणों से गुजरती है इनमें समस्या का परिचय करना, विभिन्न संभावित विकल्पों का परीक्षण करना, उपलब्ध जानकारी का आकलन करना और अंतिम रूप दे

देना शामिल होता है| इस प्रक्रिया में सामाजिक, मानसिक, नैतिक और आर्थिक पहलुओं का ध्यान रखा जाता है ताकि निर्णय लेने में सबका हित सुनिश्चित किया जा सके|

4

निर्णय लेने के तथ्य

निर्णय लेना सभी लोगों के जीवन में महत्वपूर्ण होता है| जब हम कोई निर्णय लेना होता है, तो विभिन्न तथ्यों को ध्यान देना चाहिए| जिससे हमें सही और सामर्थिक निर्णय लेने में मदद मिले| यहां कुछ निर्णय लेने के तथ्य है जो कि एक अच्छा निर्णायक बनने में आपकी मदद करेगा| तो वह इस प्रकार है:

1. <u>सूचना इकट्ठा करना</u>: एक अच्छा निर्णायक बनने के लिए उसे अपना समय मसले के सूचना इकट्ठा करने में लगाना चाहिए| इसके लिए उसे मसले के बारे में बहुत गहराई से रिसर्च करनी चाहिए| जिस लोगों या प्लेटफार्म पर आपको विश्वास है उसी से बातचीत करनी चाहिए और उनके विचारों को समझना चाहिए ताकि आप उस मसले के बारे में गहराई तक जा सके| यह तथ्य आपको न्यायपूर्वक और संभावता के साथ विचार करने में मदद करेगा|

2. <u>क्षमताओं और कमजोरियों का मूल्यांकन करें</u>: निर्णय लेते समय, अपनी क्षमताओं और कमजोरियों का निर्माण करें| यह आपको अच्छे विकल्प के अंतर समझने में मदद करेगा और सही निर्णय लेने में सहायता प्रदान करेगा|

3. <u>विकल्पों का विश्लेषण करें</u>: एक बार आप अलग-अलग जगह से सूचना को इकट्ठा कर लेते हैं| तो उन सूचना और विचारों के विकल्पों पर एक अच्छा निर्णायक की तरह विचार करने की जरूरत है| उसी समय उस मसले के फायदे, नुकसान, खतरों और अच्छे परिणामों के हर विकल्प के बारे में सोचना चाहिए|

4. <u>परिणामों का मूल्यांकन करें</u>: एक जिम्मेवार निर्णायक उसके हर परिणामों का मापदंड करके देखता है, जो भी उसने मसले के विकल्प का चुनाव किया हैं| इसमें देखता है कि कौन सा परिणाम संभावित है और उसके पास क्या

संभावनाएं हैं| इसमें यह भी देखते हैं कि मुझे किस विकल्प से खतरा है| उसके लिए वह दोनों अपने छोटे दर और लंबे दर के गोल को मध्य रखते हुए और उस पर विचार विमर्श करता है और उसका मूल्यांकन करता है|

5. <u>मूल्यों और नैतिकता पर विचार करना:</u> एक जिम्मेदार निर्णायक अपने निर्णय के परिणाम का मूल्यांकन करता है| वह अपनी विचारधारा की अनुरूपता और नैतिक सिद्धांतों का ध्यान रखते हैं|

6. <u>समय पर निर्णय लेना:</u> जबकि जानकारी इकट्ठा करना और विचार करना महत्वपूर्ण है, पर एक जिम्मेदार निर्णय लेने वाला समय पर निर्णय लेने की महत्वता को समझता है| वह अनावश्यक विलंब से बचते हैं और एक योग्य समय में निर्णय लेने का प्रयास करते हैं|

7. <u>जवाबदेही लेना:</u> एक अच्छे निर्णय लेने वाला अपने निर्णय के लिए जवाबदेही लेता है| वह अपने निर्णय के परिणामों को स्वीकार करते हैं| अगर आप उस फैसले के अच्छे नतीजे के लिए तैयार है, तो आपको उस फैसले के बुरे नतीजे के लिए भी हर तरफ से तैयार होना चाहिए| अगर आप नहीं है तो आपका निर्णय लेना बेकार है और किसी भी गलती या असफलता से सीखे और आवश्यकतानुसार भविष्य के निर्णय के लिए आवश्यक सुधार करते रहें|

याद रखें, निर्णय लेना एक कला है जो सीखने और प्रशिक्षण के द्वारा सुधार किया जा सकता है| साथ ही अपने अनुभवों से सीखे और अपनी बुद्धिमता का विकास करते रहें ताकि आप बेहतर और सही निर्णय ले सके|

*****

5

निर्णय लेने के फायदे

सफलता चाहे आपको अपने काम में पानी हो या फिर अपनी जिंदगी में, हर किसी मुकाम पर पहुंचने के लिए निर्णय लेने की कला महत्वपूर्ण है| यहां कुछ निर्णय लेने के फायदे बता रहा हूँ वह इस प्रकार हैं :-

1. <u>समृद्धि:</u> अच्छे निर्णय लेने से हम अपने जीवन में समृद्धि को प्राप्त कर सकते हैं | जब आप सही और सोच समझकर निर्णय लेते हैं, तब हमारी जीवन की दिशा सुधर जाती है और हम समृद्धि को पाते हैं|

2. <u>विश्वास:</u> सही निर्णय लेने से खुद पर और आसपास के लोगों का हम पर विश्वास बढ़ता है| जब हम अपने निर्णय पर विश्वास रखते हैं और उसे ईमानदारी से पूरा हृदय से लागू करते हैं, तो लोग हमारे सोच और निर्णय को मानते हैं|

3. <u>सफलता:</u> निर्णय लेने का एक महत्वपूर्ण फायदा सफलता प्राप्त करना है जब हम सोच समझकर और सही तरीके से निर्णय लेते हैं, तब हम संभवतः होता है कि सफलता प्राप्त करते हैं| यह हमारी व्यक्तिगत और व्यावसायिक जीवन में सफलता की नींव बनाता है|

4. <u>संबंध और परिवारिक समृद्धि:</u> सही निर्णय लेना हमारे संबंधों और पारिवारिक जीवन को सुधारता है| जब हम अपने परिवार के हित में निर्णय लेते हैं, तब हमारा परिवार में समृद्धि और सुखमय रहता है| इसलिए हमारे रिश्ते मजबूत होते हैं और हमें अपने परिवार से प्रेम और सम्मान मिलता है|

5. <u>आत्मविश्वास:</u> सही निर्णय लेने से हमारा आत्मविश्वास बढ़ता है| जब हम अपने निर्णय पर भरोसा करते हैं और उन्हें समय पर पूरा करते हैं| तब हम

अपने आप पर और अपने कार्यों पर विश्वास रखते हैं| इसलिए हमारे जीवन में प्रगति होती है और हम स्वाभिमान की भावना को प्राप्त करते हैं|

6. <u>समय और धन की बचत:</u> सही निर्णय लेने से समय और धन की बचत होती है| जब हम समझदार निर्णय लेते हैं, तब हम गलत या अव्यवस्थित कार्यों से बचते हैं| जो समय और धन का नुकसान कर सकता है इसलिए हमारे जीवन में उपयुक्त प्रयोगशीलता और स्थायित्व आता है|

इन सभी फायदों के साथ-साथ, समय-समय पर निर्णय लेना हमारे जीवन में नए अवसर और समृद्धि ला सकता है| समाधान पूर्ण निर्णय लेना स्वस्थ और प्रगति के मार्ग को प्रदर्शित करने का एक महत्वपूर्ण साधन है| किसी ने सही कहा है,

"वह इंसान सबसे ज्यादा खुश रहता है, जो अपने जीवन के फैसले स्वयं लेता है|"

*****

6

एक फैसले पर अचल रहें

हमारा मन कई फैसले लेता है और एक बार लेने के बाद उसे तुरंत बदलने का विचार भी आते हैं और मेरा भी यही कहना हैं कि अपने विचारों को स्थाई ना रखें | क्योंकि जो निर्णय लिया है उन परिस्थितियों के हिसाब से सही हो| पर कुछ समय बाद शायद वह परिस्थिति वह ना रहे इसलिए आप लोगों ने वह निर्णय बदल लिया हैं | पर यह भी जाना जरूरी है कि कौन से निर्णय पर टिके रहना है और कौन से निर्णय को बदल देना है | क्या निर्णय बदलना सही है? हो सकता है कि आपकी जान जोखिम में हो और उस फैसले को बदलना सही लग रहा हो | ऐसा करके आप अपने मन को कमजोर बना रहे हैं | जब भी आप कोई फैसला लेते हैं तो उसकी पूरी स्पष्टता होनी चाहिए | आपको पता होना चाहिए कि आपने वह निर्णय क्यों लिया था | इस निर्णय लेने के बाद आप की जान ही क्यों ना चली जाए | पर आपको निर्णय नहीं बदलना हैं |

आपको यह जितना आसान लग रहा है असल जिंदगी में उतना ही मुश्किल है | हमारे भारतीय इतिहास में कितने योद्धा और शहीदों के नाम हैं जिन्होंने अपने निर्णय को ही नहीं बदला | इसके बदले में उन्होंने मौत को गले लगाना उचित समझा जैसे कि भगत सिंह, सरदार उधम सिंह, सुभाष चंद्र बोस, गांधीजी इत्यादि कितने ही शहीद हुए हैं | जिन्होंने अपने निर्णय को नहीं बदला जिसके कारण आज भी हम उनको याद करते हैं | ऐसा करने से उनके फैसले को ताकत मिली ना कि वह कमजोर हुए | आपको जो फैसला लेना हो तो भावनाओं के साथ नहीं बहना है | क्योंकि भावनाएं हर पल बदलती रहती हैं | आज दुख है तो कल खुशी, आज आप

उल्लास से भरे हैं तो आपको कुछ समय बाद हैरानी होगी | तो समझें, आप एक ही स्पष्टता से और आनंद से कोई फैसला लें | क्यों की तब ही सच में जान पाएंगे कि यह करना ही आपके लिए समझदारी है | चाहें इसके लिए आपको 10 साल नर्ग जैसा जीवन व्यतीत करना क्यों ना पड़े | जब आप किसी दुविधाओं में फंस कर निर्णय लेते हैं तो आप उलझ का रहते हैं | आप अपनी सही दिशा से भटक जाते हैं | आपको जरूरत है पर्वत, पहाड़ों जैसे अंचल बनने की | अपने फैसले को पर्वत की तरह अचल रखें | चाहें उसके ऊपर से भावनाओं के मौसम बदलते रहे | पर पर्वत की तरह आप अपने फैसले पर स्थिर रहें | 1 मिनट के लिए आप मत डगमगाए, स्पष्टता और आनंद से लिए फैसले पर अचल रहे |

अगर भावनाओं के साथ अपने फैसले बदलते रहेंगे | तो आप मकसद के परिणाम को भी कभी हासिल नहीं कर पाएंगे और ऊपर नीचे बस चक्कर काटते रहेंगे | जो बार-बार दिशा बदलते हैं साफ है कि वह कहीं नहीं पहुंचना चाहते | आप जानते ही हैं धरती गोल है | एक फैसले के साथ आगे बढ़ते हैं तो तय है कि कभी ना कभी अपनी मंजिल पर पहुंच ही जाएंगे | हो सकता है इसमें शायद समय लग जाए पर अगर बार-बार फैसले बदलते हैं तो कभी भी अपनी मंजिल तक नहीं पहुंच पाएंगे | हमेशा भटकते ही रहेंगे और जहां से शुरू किया था वही वापस आ जाएंगे | इससे लोगों का विश्वास, प्यार और साथ धीरे-धीरे खो बैठेंगे | उदाहरण के लिए हम लोग कई बार सुबह 5:00 बजे उठकर प्रण लेते हैं इसके लिए पूरी तैयारी भी कर लेते हैं इसके लिए अलार्म भी सेट कर लेते हैं पर सुबह 5:00 बजे अलार्म सेट करते है | अपने आस-पास के लोगों भी बोल देते हैं पर आपको क्या लगता है वह सारे लोग अलार्म बजने पर उठ जाते हैं | इनमें से ज्यादा लोग अलार्म बंद कर देते हैं | उनमें से कुछ ही लोग लगभग 1% लोग ही उठ पाते हैं | क्योंकि उन्होंने स्पष्टता से, आनंद से निर्णय लिया था | उन्हें पता था कि मुझे सुबह जल्दी क्यों उठना चाहिए | इससे हमें क्या लाभ हैं |

मानव जीव में इतनी क्षमता है कि वह चीज जो उसे बड़ी लगती है, दुर्लभ और दुर्गम लगती है| उसे वह चिटी जैसा छोटा कर सकता है | क्योंकि वह अपने मन की शक्ति इतनी बढ़ा कर लेता है कि वह उन्हें सब चीजें बौनी लगने लगती है | मन में इतनी ताकत है कि वह जितना चाहे उसे फैला सकता है और बड़ा कर सकता है | हर मानव के मन की शक्ति एक समान है | उसमें से कुछ ही लोग मन उचित प्रयोग कर पाते हैं पर ज्यादातर लोगों को जब मन को आराम मिलता है तो वह वही रुक जाते हैं | पर उनमें से कुछ लोग आगे बढ़ जाते हैं | पर उनमें से जो रुक गए थे वह असल में उनका मन भावनाओं में फंस कर रह गये थे | जब उन्हें होश आता

है तब उनके पास हिम्मत नहीं होती कि वह उस फैसले पर दोबारा चल सके | आप जिंदगी के छोटे-छोटे निर्णय को चाहे बदल दे, किसी को शायद फर्क भी ना पड़े | पर जब लंबी दौड़ और बड़े फैसले लेते हैं, उसको दृढ़ रखें ताकि बाकी जिंदगीयों पर कोई प्रभाव ना पड़े |

*****

7

निर्णय लेने में पूर्णता बनाम गति

इसमें एक बिंदु पर बात करना चाहूंगा कि पूर्ण होना बुरा है| मेरा मतलब यह है पूर्णता हमें लक्ष्य बनाने में एक मानक प्रदान करता है| यह भी समझना चाहिए कि समय एक महत्वपूर्ण संसाधन है और अच्छे निर्णय हम समय के साथ ही ले पाते हैं| मैं यह भी नहीं कह रहा कि जानबूझकर आप ऐसे निर्णय ले जिसका परिणाम भयानक हो और भरपाई करना मुश्किल हो| आप अपने लिए एक समय सीमा बनाएं कि मैंने इतनी देर में या फिर इतने समय में निर्णय लेना है और निर्धारित समय में ही निर्णय लें| जब आप कोई निर्णय नहीं ले लेते हैं तो आपके सामने कुछ ऐसी चीजें भी आएंगी जिसे आप नहीं जानते होंगे| कुछ चीजें तो आपके समय के साथ समझ आ जाएगी और कुछ के लिए अपना दृष्टिकोण और कुछ को समायोजित कर सकते हैं| आप सफलता पाने के लिए अपनी रणनीतियां पर लगातार पूर्णविचार करने की आवश्यकता है| लेकिन कृपा अपने आप को पूर्णता के खेल में मत फंसने दें और बहुत सारा समय बर्बाद इसके चक्कर में ना करें|

आप अरबपतियों की तरह उच्च गुणवत्ता वेग निर्णय नियम अपने जीवन में अपनाएं| यहां पर उच्च गुणवत्ता ऊंचे वेग निर्णय के नियम दिये गए जो की अरबपति अपनाते हैं:

1. <u>दूसरों के निर्णय लेने की प्रक्रिया को उपयोग ना करें</u>: कभी भी सभी के लिए एक जैसी निर्णय लेने की प्रक्रिया का प्रयोग ना करें| कई निर्णय प्रतिवर्ती, दो तरफा दरवाजे वाले होते हैं| कई बार निर्णय लेने के लिये हल्की-फुल्की प्रक्रिया

का प्रयोग कर सकते हैं|

2. <u>**अधिकांश निर्णय संभवतः**</u>:- अरबपतियों के अनुसार हमें निर्णय लगभग 70% जानकारी के साथ लेने चाहिए| जो आप चाहते हैं कि आपके पास हो यदि आप 90% तक प्रतीक्षा करते हैं| तो अधिकांश मामलों में आप संभवत धीरे हो रहे हैं| यदि आप सुधार करने में अच्छे हैं तो गलत होना आपके विचार में कम महंगा हो सकता है, जबकि धीमा होना उसे से महंगा होगा|

3. "असहमति और प्रतिबद्धता" वाक्यांशों का उपयोग करने से आपका बहुत समय बचेगा।

4. सही ग़लत संरेखण मुद्दों को जल्दी पहचानें और उन्हें तुरंत आगे बढ़ाएं।

*****

8

स्वाधीनता

स्वाधीनता एक अहम शब्द है जो निर्णय लेने की प्रक्रिया में काम आती है| यह एक अंग्रेजी शब्द Autonomy से लिया गया है जिसका अर्थ होता हैं, स्वतंत्रता या स्वाधीनता| स्वाधीनता का मतलब है कि हमारे पास स्वतंत्रता है या हमें निर्णय लेने की अनुमति होती है| निर्णय लेने की प्रक्रिया में स्वाधीनता यह दर्शाती है कि हमें अपने मन की सुनने की क्षमता होती है और हम खुद अपने लिए सही और है उचित निर्णय ले सकते हैं| स्वाधीनता के माध्यम से हम अपने जीवन में निर्णय लेने की प्रक्रिया में खुद को सशक्त और प्रभावी बनाते हैं|

स्वाधीनता के बिना, हमने लोगों के मुद्दों और विचारों के आधार पर निर्णय लेते हैं और अपनी इस मान्यता को स्वाधीनता और पहचान को खो सकते हैं| स्वाधीनता सही और गलत के बीच विचारशीलता और स्वयंसेविता का निर्धारण करती है| इसके माध्यम से हम अपने लक्ष्यों की प्राथमिकता और अपने दैनिक जीवन में खुशहाली का आयोजन करने के लिए महत्वपूर्ण निर्णय ले सकते हैं|

इसके माध्यम से हम अपने मूल्यों, धारणाओं और महत्वपूर्ण मुद्दों पर निर्णय ले सकते हैं और सही दिशा में अग्रसर रह सकते हैं| स्वाधीनता हमें स्वयं के लिये जिम्मेदारी लेने, अपनी आवश्यकताओं और अवसरों को पहचानने और अपने जीवन को संचालित करने की सामर्थ्य प्रदान करती है|

*****

९

समय की उपयोगिता

किसी ने सही कहा है

समय की उपयोगिता या टाइम मैनेजमेंट निर्णय लेने में एक महत्वपूर्ण भूमिका निभाती है। हर क्षेत्र में सफलता प्राप्त करने के लिए समय का ठीक से प्रबंध करना अनिवार्य होता है और निर्णय लेने में समय के प्रवक्ता का महत्वपूर्ण योगदान होता है।

समय की उपयोगिता निर्णय लेने में विभिन्न पहलुओं पर प्रभाव डालती है। पहला पहलू है समय की उपलब्धता का प्रबंध करना। हमें विभिन्न विकल्पों का विचार करने, जानकारी इकट्ठा करने, विश्लेषण करने और निर्णय लेने के लिए समय की आवश्यकता होती है। समय का नियंत्रण रखना हमें उचित तरीके से निर्णय लेने में मदद करता है।

दूसरा पहलू है, समय की आवश्यकताओं को प्राथमिकता देना। जब हम निर्णय लेने के लिए समय की उपयोगिता को महत्व देते हैं, तो हम अपने समय को उन कार्यों पर लगा सकते हैं जो हमारे लक्ष्य के साथ, संगत और जिन्हें प्राथमिकता देने के लिए आवश्यक है। यह हमें विचारपूर्वक और स्वयंसेवक रुप से संगठित रखने में मदद करता है जिससे निर्णय लेने की क्षमता और कार्य प्रभावी होता है।

समय की उपयोगिता निर्णय लेने में तृतीय पहलू है, समय की प्राथमिकताओं का पता लगाना। हमें यह समझना आवश्यक होता है कि हमें किस कार्य को कितने समय में पूरा करना है और कौन-कौन से कार्य अभी तक अधूरे हैं। समय की

उपयोगिता निर्णय लेने में इस पहलू का महत्वपूर्ण योगदान होता है, क्योंकि इससे हमें अधिक प्राथमिकताएं निर्धारित करने और अपने समय को व्यवस्थित रखने में मदद मिलती है|

एक सही निर्णय की तुलना में समय पर लिया गया निर्णय सबसे अधिक महत्वपूर्ण होता है| हम सब जानते हैं कि हम निर्णय लेने में कोई गलतियां नहीं करना चाहते, पर समय के बीत जाने के बाद लिए गए निर्णय का कोई मोल नहीं रहता हैं | तो उचित समय में निर्णय लें और लिए गए निर्णय को पूर्णता सही साबित करने के लिए जोर लगाएं|

इस प्रकार समय की उपयोगिता निर्णय लेने में हमारी मदद करती है, जो निर्णय लेने की प्रक्रिया को संगठित, प्रभावी और हमारी सफलता की संभावना को बढ़ाती है| हमें अपने लक्ष्य और उद्देश्यों के प्रति समर्पित रहने में मदद करती है और हमारी सफलता की संभावना को बढ़ाती है|

*****

10

संकलन और विचारधारा

संकलन और विचारधारा की भूमिका निर्णय लेने में क्या होती है इसका विवरण निम्नलिखित है:

1. <u>संकलन</u>: संकलन का अर्थ होता है कि विभिन्न जानकारी, आंकड़ों और दृष्टियों को एकत्रित करना या समेटना | यह निर्णय लेने में महत्वपूर्ण भूमिका निभाता है क्योंकि यह विभिन्न पक्षों, प्रसंगों और विचारों को एक साथ लाने में मदद करता है| संकलन के माध्यम से, निर्णय लेने वाले व्यक्ति विभिन्न दृष्टियों, साक्ष्यों और आंकड़ों को समझकर सही और यथार्थ जानकारी पर आधारित निर्णय ले सकते हैं|

2. <u>विचारधारा</u>: विचारधारा से आप का अर्थ आपके विचारों, मतों और दृष्टियों को समझा जाता है | यह आप के निर्णय को समर्थन करने और पक्षपात रहित निर्णय लेने में भूमिका निभाती है | विचारधारा के माध्यम से, आपको अपने मन की सोच और मत को व्यक्त करने का तरीका समझ में आता है और आप इसे निर्णय लेने में शामिल कर सकते हैं | विचारधारा से निर्णय लेने वाले व्यक्ति दूसरों को समझ, दृष्टियों और दृष्टिकोणों का महत्व समझते हैं और साथ ही इसे निर्णय को बेहतर बनाने के लिए इस्तेमाल करते हैं |

इन दोनों के मेल के माध्यम से, "संकलन और विचारधारा" निर्णय लेने में मदद करते हैं क्योंकि वह विभिन्न पक्षों और मतों को विचार करके सही जानकारी प्रदान करते हैं और सही मार्गदर्शन प्रदान करते हैं| यह संकलन और एक संगठन निर्णय लेने की प्रक्रिया में संभावित विकल्पों की सीमा को स्पर्श करता है जो

निर्णय आत्मक निर्णय कार्यक्रम को सही और यथार्थ जानकारी का उपयोग करके सही निर्णय लेने में मदद करता है |

*****

11

संबंध और संगठन

संबंध और संगठन निर्णय लेने में आदान-प्रदान की भूमिका और महत्व को ध्यान में रखने के लिए महत्वपूर्ण होता है | सम्बन्ध और संगठन दो विभाजन्य लेकिन संबद्ध पहलुओं को संगठित करने में मदद करते हैं|

संबंध का मतलब होता है कि लोगों और गतिविधियों के बीच आपसी संपर्क और संवाद का स्तर | यह विभिन्न संगठनात्मक पारिस्थितिकियों का मूल आधार होता है जिसे निर्णय लेने के लिए व्यक्तियों के बीच संवाद आवश्यक होता है अच्छे से बंद निर्णय लेने की प्रक्रिया को संगठित करते हैं और निर्णय की प्रभावी गतिशीलता को सुनिश्चित करते हैं|

संगठन, दूसरी ओर, संगठित ढंग से व्यक्तियों और संरचनाओं को सम्बोधित करने और उन्हें मिलाने के लिए निर्दिष्ट साधनों और प्रक्रियाओं का उपयोग करता है। इसका उद्देश्य होता है संगठित विचारधारा, रूढ़िवादी ढंग से और सुदृढ़ कार्यप्रणाली के माध्यम से निर्णय लेने में मदद करना।

एक संगठन निर्णय लेने की प्रक्रिया में संभावित विकल्पों की सीमा को स्पष्ट करता है, जो निर्णयकर्ताओं को सही और यथार्थ जानकारी का उपयोग करके सही निर्णय लेने में मदद करता है।

यहां तक कि संबंध और संगठन निर्णय लेने में हिंदी की भूमिका और महत्व बहुत महत्वपूर्ण है। हिंदी भाषा संबंध बनाने, संघटित करने और संवाद स्थापित करने के लिए माध्यम के रूप में काम करती है। यह निर्णय लेने में महत्वपूर्ण रूप से योगदान देती है, क्योंकि इससे लोगों के बीच स्पष्टीकरण, सहयोग और सहमति का एक माध्यम बनता है। हिंदी भाषा की सहायता से संगठित रूप से सभी स्तरों पर संवाद और निर्णय लेने की क्षमता विकसित की जा सकती है।

मास्टर योर चॉइस

*****

12

निष्कर्षों के लिए प्रक्रिया

निष्कर्षों के लिए प्रक्रिया निर्णय लेने में किया जाता है। यहा एक विचार प्रक्रिया है जो संबंधित जानकारी और तथ्यों के आधार पर विभिन्न परीक्षणों को प्राप्त करके निष्कर्षों तक पहुंचने का काम करती है। इस प्रक्रिया का महत्वपूर्ण योगदान निर्णय लेने की सहायता करना होता है।

यह प्रक्रिया अकसर सामान्य निर्णय लेने के लिए उपयोगी होती है, जैसे कि व्यापारिक, नौकरी, शिक्षा या व्यक्तिगत जीवन में लेने वाले निर्णयों के लिए । यह प्रक्रिया तथ्यों का समीक्षण करने और प्राथमिकताओं को तय करने के लिए मददगार होती है और निष्कर्ष निकालने के लिए विभिन्न विचारों और विकल्पों को मूल्यांकन करती है।

निष्कर्षों के लिए प्रक्रिया में चार मुख्य चरण होते हैं:

प्रश्न निर्धारण, जानकारी संग्रह, जानकारी का मूल्यांकन और निष्कर्ष निकालना।

प्रथम चरण में, आपको सटीक और संबंधित प्रश्न तय करने की आवश्यकता होती है, जो निर्णय के प्रतिष्ठान को स्पष्ट करते हैं।

द्वितीय चरण में, आपको उपलब्ध जानकारी और तथ्यों को संग्रहित करने की आवश्यकता होती है, जिसमें संबंधित डेटा, अनुभव, और विभिन्न स्रोतों से प्राप्त की गई जानकारी शामिल हो सकती है।

तृतीय चरण में, जानकारी को मूल्यांकन करते हैं, जिसमें संभावित विकल्पों के प्रति जांच और मूल्यांकन करना शामिल हो सकता है। यहां आप तथ्यों, प्रमाणों, प्रभावों, और आपकी आपातकालीन जरूरतों के आधार पर विभिन्न परीक्षण कर सकते हैं।

चतुर्थ और अंतिम चरण में, आप निष्कर्ष निकालते हैं और उपयुक्त निर्णय लेते हैं, जिसमें आपके लक्ष्यों, मानकों, और प्राथमिकताओं के आधार पर विचार किया जाता है।

निष्कर्षों के लिए प्रक्रिया निर्णय लेने में महत्वपूर्ण होती है क्योंकि यह आपको संघर्षपूर्ण और जटिल स्थितियों में भी सही और स्पष्ट निर्णय लेने में मदद करती है। इसके माध्यम से आप विकल्पों की मापदंडों को मूल्यांकन कर सकते हैं, विभिन्न पक्षों को विचार कर सकते हैं, और अंततः सर्वोत्तम निर्णय ले सकते हैं।

इस प्रक्रिया में धैर्य, सतर्कता, और विश्लेषणात्मक सोच की आवश्यकता होती है। यह आपको अवसरों और चुनौतियों की पहचान करने में मदद करती है और स्पष्ट निष्कर्षों के माध्यम से सही निर्णय लेने में सहायता प्रदान करती है।

*****

13

निर्णय लेने में निर्धारित करने वाले अंग

हमारे निर्णयों पर निर्धारित करने में सहायक होने वाले अंगों को निम्नलिखित तरीके से वर्गीकृत किया जा सकता है:

1. <u>ज्ञान (Knowledge)</u>: निर्णय लेने से पहले आपको संबंधित जानकारी और तथ्यों को समझना चाहिए। इसके लिए विश्लेषण, अध्ययन, और अनुभव का सहारा लिया जा सकता है।

2. <u>विचार (Thinking)</u>: यह निर्णय करने के लिए अवधारणाओं, आलोचना, तर्क, और विचार के सामर्थ्य का उपयोग करता है। समस्या का परिणामस्वरूप समझने और विचार करने के लिए यह अंग महत्वपूर्ण है।

3. <u>विवेक (Judgment)</u>: यह अंग आपको उपलब्ध विकल्पों की मूल्यांकन करने के लिए आवश्यक होता है। यह अंग आपको सही और गलत के बीच अंतर को समझने में सहायता करता है।

4. <u>न्याय (Justice)</u>: यह अंग न्यायाधीश के रूप में कार्य करता है और निर्णय करने के लिए संभवतः सबसे उचित और न्यायसंगत विकल्प का चयन करता है। इसका उपयोग यह सुनिश्चित करने के लिए किया जाता है कि निर्णय आदान-प्रदान के दौरान सभी पक्षों पर समान ध्यान दिया जाता है।

5. <u>अनुभव (Experience)</u>: पिछले निर्णयों और अनुभवों से प्राप्त ज्ञान का उपयोग कर के निर्णयों को लेने में मदद मिलती है। अनुभवों से शिक्षा लेकर आप अगले निर्णयों को और सटीक और समर्पित बना सकते हैं।

यहां वर्णित अंग निर्णय लेने में मदद करते हैं, हालांकि प्रत्येक प्रकार का निर्णय अपने महत्वपूर्ण पक्षों और परिस्थितियों पर आधारित होता है।

*****

14

मान, शरीर और मन की शक्ति

मान, शरीर और मन की शक्ति" निर्णय लेने में एक महत्वपूर्ण भूमिका निभाते हैं। यह संदर्भ देते हैं कि निर्णय-लेने में व्यक्ति के मानसिक, शारीरिक और आध्यात्मिक संसाधनों का महत्वपूर्ण योगदान होता है।

1. <u>मन (Mind):</u> मन निर्णय-लेने में महत्वपूर्ण भूमिका निभाता है। यह हमारी सोच, विचार, विवेक और निर्णय के लिए उपयुक्त उपकरण है। एक स्पष्ट और स्थिर मन निर्णय लेने की क्षमता को बढ़ाता है और सही निर्णय प्रक्रिया को समर्पित करता है। मन को स्थिर करने के लिए ध्यान, मेधावी, और धारणा अभ्यास की जाती है।

2. <u>शरीर (Body):</u> शरीर भी निर्णय-लेने में महत्वपूर्ण योगदान करता है। शारीरिक स्थिति और स्वास्थ्य हमारे निर्णय-लेने की क्षमता को प्रभावित कर सकते हैं। एक स्वस्थ शरीर में उच्च स्तर की ऊर्जा, ताजगी और दिमागी तत्वों की गतिविधि होती है, जो निर्णय लेने के लिए महत्वपूर्ण है। स्वस्थ रहने के लिए नियमित शारीरिक व्यायाम, पौष्टिक आहार और पर्याप्त आराम का पालन करें।

3. <u>मान (Spirit):</u> मान या आध्यात्मिकता भी निर्णय-लेने में महत्वपूर्ण है। यह हमारे मूल्यों, सिद्धांतों, धर्म और अपने आप को ज्ञान करने की क्षमता को संदर्भित करता है। एक स्पष्ट आध्यात्मिक संपन्नता निर्णय-लेने में हमें दिशा देती है | सही और न्याय से युक्तियुक्त निर्णय प्रदान कर सकती है।

आध्यात्मिक संपन्नता के लिए ध्यान, धारणा, योग और धार्मिक अभ्यास की जरूरत होती है।

इन तीनों के संयोग से निर्णय-लेने में सामर्थ्य और समर्पण की ऊर्जा बढ़ती है। संतुलित मन, शारीरिक स्वास्थ्य और आध्यात्मिकता संगठित निर्णय-लेने की प्रक्रिया को समृद्ध और सफल बनाते हैं।

*****

15

चयन शक्ति

चयन शक्ति (Decision-making power) व्यक्ति के जीवन में एक महत्वपूर्ण कौशल है। इसका मतलब होता है कि व्यक्ति किसी निर्णय पर विचार करके उचित और सही निर्णय ले सकता है। चयन शक्ति की गुणवत्ता मानसिक तत्वों पर निर्भर करती है और इसे सुधारा और विकसित किया जा सकता है। यह कुछ तरीकों से विकसित कि जा सकती है, जो निम्नानुसार हैं:

1. <u>जागरूकता और ज्ञान</u>: सही और उचित निर्णय लेने के लिए जागरूकता और ज्ञान महत्वपूर्ण हैं। आपको विभिन्न मामलों, संदर्भों और विकल्पों के बारे में जानकारी जुटानी चाहिए। यह आपको बेहतर रूप से समझने में मदद करेगा और सही निर्णय लेने में मदद करेगा।

2. <u>स्वयं का विश्लेषण</u>: अपने मूल्यों, कौशलों, क्षमताओं और सीमाओं का समय-समय पर मूल्यांकन करना महत्वपूर्ण है। जब आप अपने विश्लेषण को जानेंगे, तो आपको अपने लक्ष्यों, महत्वपूर्णताओं और प्राथमिकताओं को स्पष्ट करने में मदद मिलेगी, जिससे आपको सही और उचित निर्णय लेने में मदद मिलेगी।

3. <u>विचार करने की क्षमता</u>: चयन शक्ति को बढ़ाने के लिए, आपको अपनी सोचने की क्षमता को विकसित करना चाहिए। इसमें तर्क, विचार प्रक्रिया, समस्याओं के पहलुओं की समझ और विभिन्न विचारों की मान्यता को जांचने की क्षमता शामिल होती है। यह आपको विभिन्न विकल्पों को मूल्यांकन करने और सही निर्णय लेने में मदद करेगा।

4. <u>**अनुभवों से सीखना**</u>: अपने और दूसरों के अनुभवों से सीखना भी चयन शक्ति को बढ़ाने में मदद कर सकता है। आप अपनी पिछली गलतियों और सफलताओं से सीख सकते हैं और दूसरों के अनुभवों से अधिक सीख सकते हैं। इससे आपको भविष्य में सही निर्णय लेने में मदद मिलेगी।

चयन शक्ति व्यक्ति के व्यक्तिगत और पेशेवर जीवन दोनों में महत्वपूर्ण है। इसे सुधार कर और अभ्यास करके आप अपनी चयन शक्ति को मजबूत कर सकते हैं और सही और उचित निर्णय लेने में सफल हो सकते हैं।

*****

16

भूमिका का प्रभाव

भूमिका का प्रभाव निर्णय लेने में महत्वपूर्ण हो सकता है। यह आपके निर्णयों को प्रभावित करने वाले कई कारकों में से एक है, जिससे आपकी सोच और निर्णय गतिविधियों पर प्रभाव पड़ सकता है। भूमिका से तात्पर्य हो सकता है आपके परिवेश, सामाजिक संबंध, परिवार, समूह या संगठन के साथी, और आपके लिए महत्वपूर्ण लोगों के साथ जो आपके निर्णयों में सम्बंधित हो सकते हैं।

यहां कुछ महत्वपूर्ण तत्व दिए गए हैं जिनसे भूमिका का प्रभाव निर्णयों पर हो सकता है:

1. <u>ज्ञान और सूचना</u>: भूमिका आपके पास उपलब्ध ज्ञान और सूचना के माध्यम से आपके निर्णयों पर प्रभाव डाल सकती है। अधिक सूचना और ज्ञान के होने से आपको निर्णय लेने में सकारात्मक और सुसंगत हो सकती हैं।

2. <u>मान्यता और प्रभाव</u>: भूमिका में होने वाले मान्यता और प्रभाव से आपके निर्णयों पर प्रभाव पड़ सकता है। अगर आपके पास एक प्रमुख या प्रभावशाली व्यक्ति है जिसकी आप मान्यता करते हैं, तो उनकी सलाह और समर्थन आपके निर्णयों को प्रभावित कर सकते हैं।

3. <u>सामाजिक समूह</u>: आपके सामाजिक समूह और आपके परिवार के सदस्यों का भूमिका भी आपके निर्णयों पर प्रभाव डाल सकता है। आपके परिवार, मित्र, सहकर्मी या समूह के सदस्यों की सलाह, अपार्टनर्स के विचार और समर्थन से आपके निर्णयों में परिवर्तन आ सकते हैं।

4. <u>अभिप्राय और मूड</u>: आपका अभिप्राय और मूड भी भूमिका का प्रभाव पड़ सकता है। कई बार व्यक्तिगत या सामाजिक स्थितियाँ आपके मनोभाव और

मूड पर प्रभाव डालती हैं, जिससे आपके निर्णयों में भी परिवर्तन आ सकता है |

5. <u>**अभिप्रायों के निर्माण:**</u> आपके अभिप्रायों, मूल्यों, और धारणाओं का अपने निर्णयों पर भी प्रभाव पड़ता है। ये आपके निर्णयों के मानवीय और नैतिक मूल्यों को संदर्भित करते हैं और उन्हें मार्गदर्शन करते हैं।

भूमिका का प्रभाव निर्णय लेने में अहमियत पूर्ण होता है, लेकिन आपके हाथ में भी निर्णय करने की शक्ति होती है। आप अपने मार्गदर्शक, सलाहकार, और समर्थकों की बात सुन सकते हैं, लेकिन अंततः निर्णय आपका होता है। इसलिए, अपने मूल्यों, लक्ष्यों, और सामर्थ्यों के आधार पर सोचें, और अपनी भूमिका का ध्यान रखें, लेकिन अंततः सबसे महत्वपूर्ण निर्णय आपका होना चाहिए।

*****

17

फैसला/निर्णय लेने के प्रमुख सूत्र: संकल्प बनाये

संकल्प बनाएँ" या "संकल्प लें" एक बहुत महत्वपूर्ण निर्णय लेने की प्रक्रिया है। निर्णय लेने में इस्तेमाल होने वाला यह संकल्प एक मंत्र या संकल्प वाक्य हो सकता है, जो आपको आपके निर्णय में स्थिरता और स्पष्टता प्रदान करता है।

यहाँ कुछ सरल संकल्प वाक्य हैं जिन्हें आप अपने निर्णयों के लिए उपयोग कर सकते हैं:

1. "मैं एक निर्णय लेता हूँ और उसे स्थिरता से प्राप्त करता हूँ।"

2. "मैं अपनी सोच को स्पष्ट करता हूँ और अपने लक्ष्य की ओर प्रगति करता हूँ।"

3. "मैं अपनी आंतरिक सुनिश्चितता को जागृत करता हूँ और सही निर्णय लेने के लिए उसका पालन करता हूँ।"

4. "मैं विचारशीलता से सोचता हूँ और एक स्पष्ट मार्गदर्शन प्राप्त करता हूँ।"

5. "मेरे निर्णय सही और सुरक्षित होते हैं, और मुझे अग्रसर बनाते हैं।"

ये संकल्प वाक्य आपको निर्णय लेने के समय स्थिरता, संयम और आत्मविश्वास प्रदान कर सकते हैं। आप चाहें तो इन्हें ध्यानपूर्वक पढ़ने का अभ्यास कर सकते हैं ताकि आपके निर्णयों में मदद मिले।

संकल्प, या संकल्पना, निर्णय लेने में एक महत्वपूर्ण भूमिका निभाता है क्योंकि यह किसी विशेष कार्रवाई के प्रति स्पष्ट दिशा और समर्पण प्रदान करता है। मजबूत संकल्प बनाकर, व्यक्ति अपने लक्ष्यों को प्राप्त करने में केंद्रित, प्रेरित और दृढ़-संकल्पी बन सकता है। यहां निर्णय लेने में प्रभावी संकल्प बनाने के कुछ चरण दिए गए हैं:

1. <u>**अपने उद्देश्य को परिभाषित करें**</u>: पहले अपने निर्णय के उद्देश्य और मकसद को स्पष्ट रूप से समझें। आप क्या प्राप्त करना चाहते हैं? आप किस समस्या को हल करने का प्रयास कर रहे हैं? अपना उद्देश्य विशिष्ट शब्दों में परिभाषित करें ताकि आपको एक स्पष्ट लक्ष्य हो सके।

2. <u>**फायदे और नुकसान का मूल्यांकन करें**</u>: अपने निर्णय के संभावित परिणाम और परिणामों को ध्यान से विचार करें। हर विकल्प से जुड़े फायदे और नुकसान की सूची बनाएं। यह विश्लेषण आपको अपने चयनों के संबंधित संभावित जोखिम और इनाम को समझने में मदद करेगा।

3. <u>**अपने मूल्यों के साथ समरस्ता स्थापित करें**</u>: अपने व्यक्तिगत मूल्यों और धर्म से विचार करें। आपके निर्णय आपके मूल सिद्धांतों के साथ मेल खाने चाहिए। हर विकल्प को आपके दीर्घकालिक दृष्टि, नैतिकता और सिद्धांतों के साथ कैसे मेल खाता है, इस पर विचार करें। यह समरस्ता आपके संकल्प को मजबूत आधार देता है।

4. <u>**स्मार्ट लक्ष्य तय करें**</u>: अपने उद्देश्य को विशिष्ट, मापनीय, प्राप्ति-संबंधी, और समय-सीमित (स्मार्ट) लक्ष्य में रूपांतरित करें। यह चरण सुनिश्चित करता है कि आपका संकल्प स्पष्ट रूप से परिभाषित है, वास्तविक और उसे पूरा करने के लिए स्पष्ट समय-रेखा है। अपने बड़े उद्देश्य को छोटे, कार्यगत चरणों में विभाजित करके, उसे प्रबंधन और प्राप्ति-संबंधी बनाने से यह सहज और प्राप्त हो जाता है।

5. <u>**सफलता का मानसिक चित्रण बनाएं**</u>: सफलता के लिए एक स्पष्ट मानसिक चित्रण बनाएं। अपने उद्देश्य को प्राप्त करने की कल्पना करें और इसके साथ जुड़े पॉज़िटिव भावनाओं का अनुभव करें। मानसिक चित्रण आपके संकल्प में पुष्टि करने में मदद करता है और आपको चुने गए मार्ग में आपके धैर्य और विश्वास को बल मिलता है।

6. <u>**समर्पण और जवाबदेही**</u>: खुद से समर्पण करें और अपने निर्णयों के लिए जवाबदेह हों। इसमें अपने कार्यों के लिए जिम्मेदार होना और अपने चयनों

के परिणामों को स्वीकार करना शामिल है। अपने संकल्प को लिखें और उसे दृश्यमान स्थान पर रखें ताकि यह आपके समर्पण का एक स्थायी अनुस्मारक बने।

7. <u>एक कार्रवाई योजना बनाएं</u>: अपने स्मार्ट लक्ष्यों को कार्रवाई योजना में विभाजित करें और एक विस्तृत कार्रवाई योजना बनाएं। प्रत्येक चरण को पूरा करने के लिए आवश्यक संसाधन, कौशल और समर्थन का निर्धारण करें। एक स्पष्ट प्लान संरचना प्रदान करता है और आपको अपने संकल्प की प्राप्ति की दिशा में रहने में मदद करता है।

8. <u>प्रगति का निगरानी और समायोजन</u>: नियमित रूप से अपनी प्रगति का मूल्यांकन करें और जरूरत अनुसार समायोजन करें। अपनी प्राप्तियों का ट्रैक करें और देखें कि क्या आप अपने लक्ष्य के पास आ रहे हैं। यदि आवश्यक हो, तो अपनी कार्रवाई योजना या रणनीति को संशोधित करके बाधाओं को पार करने और अपने संकल्प के साथ समर्थन बनाए रखने के लिए उसे बदलें|

9. <u>समर्थन खोजें</u>: अपने के साथ समर्थक नेटवर्क के साथ घिरें, जैसे कि दोस्त, परिवार, मेंटर या पेशेवर जो मार्गदर्शन, प्रोत्साहन और रचनात्मक प्रतिक्रिया प्रदान कर सकते हैं। अपने संकल्प को दूसरों के साथ साझा करने से आपको प्रेरित और जवाबदेह बनाने में मदद मिल सकती है।

10. <u>सहजता और सहनशीलता</u>: निर्णय लेने में अक्सर चुनौतियों और पीछे हटने के समय आते हैं। एक सकारात्मक मानसिकता बनाए रखें, सहजता रखें और चुनौतियों को पार करने के लिए सहनशीलता विकसित करें। चुनौतीपूर्ण समयों में प्रेरित रहने के लिए अपने संकल्प और अपने निर्णय के पीछे के कारणों को याद करें।

इन चरणों का पालन करके और एक मजबूत संकल्प बनाकर, आप अपनी निर्णय लेने की प्रक्रिया को सुधार सकते हैं और अपने अपेक्षित परिणामों को प्राप्त करने की संभावना को बढ़ा सकते हैं।

<u>संकल्प का पालन करें</u>: संकल्प का पालन या संकल्प के अनुसार निर्णय लेना बहुत महत्वपूर्ण होता है। संकल्प का पालन करना एक व्यक्ति को उसके लक्ष्य और उद्देश्यों की ओर ले जाता है और निर्णय लेने के समय उसे संघर्ष और संदिग्धता से बाहर निकालता है। यह एक निर्णय लेने के मार्गदर्शक का काम करता है और हमें सही और सच्चे निर्णय लेने में मदद करता है।

संकल्प का पालन करने से पहले, हमें अपने लक्ष्य और उद्देश्यों को स्पष्ट करना चाहिए। हमें यह समझना चाहिए कि हम क्या प्राप्त करना चाहते हैं और हमारे लिए क्या महत्वपूर्ण है। एक बार जब हमें यह ज्ञात हो जाता है, तो हमें इसके लिए संकल्प लेना चाहिए और उसे पालन करने के लिए निर्णय लेने में समर्थ होना चाहिए।

संकल्प का पालन करने के लिए कई चरण होते हैं। पहले, हमें अपने विकल्पों को परीक्षण करना चाहिए और उनके बारे में विचार करना चाहिए। हमें अपने लक्ष्यों और मूल्यों के साथ जुड़े हर विकल्प को विचारशीलता, निष्पक्षता और यथार्थता के मानकों के साथ मूल्यांकन करना चाहिए।

दूसरे, हमें संकल्पित निर्णय के प्रभावों और परिणामों को ध्यान में रखना चाहिए। हमें सोचना चाहिए कि यदि हम यह निर्णय लेते हैं तो यह हमारे लक्ष्य और उद्देश्यों को कैसे प्रभावित करेगा और क्या परिणाम हो सकते हैं। हमें अपने विकल्पों के प्रति जिम्मेदारी और उनके नियंत्रण के बारे में सोचना चाहिए और उनके प्रभाव स्वरूपता को मूल्यांकन करना चाहिए।

तीसरे, हमें विचारशील निर्णय लेने के लिए सक्षमता का विकास करना चाहिए। हमें सक्रिय रूप से अपनी योजनाओं को सम्पादित करना चाहिए और विचारशील निर्णय लेने में मदद करने वाले उपकरणों का उपयोग करना चाहिए। हमें अपने मन को स्थिर और स्थायी रखने के लिए ध्यानाभ्यास और मेडिटेशन की अभ्यास करना चाहिए।

संकल्प का पालन करने के लाभों में शांति, स्थिरता और आत्मविश्वास की वृद्धि शामिल होती है। संकल्प लेने के बाद हमें अपने मन को संयमित करना चाहिए और इरादे को पूरा करने के लिए संकल्पित होना चाहिए। संकल्प का पालन हमें अपनी निर्णय-लेने की क्षमता में सुधार करता है और हमें स्वयं के और अपने लक्ष्यों के प्रति समर्पित बनाता है।

इस प्रकार, संकल्प का पालन करने से हम अपने लक्ष्यों की ओर बढ़ते हैं, सच्चे और संघर्ष मुक्त निर्णय लेते हैं और आत्मविश्वास और स्वयं सेवा में सुधार करते हैं। संकल्प का पालन करने से हमारे निर्णय-लेने की क्षमता मजबूत होती है और हम अपने जीवन में सफलता के मार्ग में आगे बढ़ सकते हैं।

*****

18

निर्णय लेने की प्रमुख चुनौतियाँ

अधिकांश मामलों में, निर्णय लेना मानव सत्ता का एक महत्वपूर्ण हिस्सा है और यह एक प्रक्रिया है जिसमें हमें विभिन्न विकल्पों में से एक को चुनने की आवश्यकता होती है। हालांकि, निर्णय लेने की प्रक्रिया आमतौर पर सरल नहीं होती है और इसमें कई प्रमुख चुनौतियाँ हो सकती हैं। यहां निम्नलिखित कुछ प्रमुख चुनौतियाँ हैं जो निर्णय लेने के समय उत्पन्न हो सकती हैं:

1. <u>अधिकारिकता की चुनौती</u>: कई बार हमारे पास सामरिक, संघर्षपूर्ण या विवादित तरीकों में निर्णय लेने का मौका होता है। इस स्थिति में, निर्णय लेने वाले व्यक्ति को नियमों, कानूनों, नीतियों और संगठनात्मक मानदंडों का पालन करने के बीच चुनाव करने की आवश्यकता होती है।

2. <u>अनिश्चितता की चुनौती</u>: कई बार हमारे पास सूचना की कमी या अनिश्चितता की स्थिति होती है जिसके कारण हमें चुनाव करने के लिए पूर्वानुमान करना पड़ता है। ये अनिश्चित तत्व मानसिक तनाव पैदा कर सकते हैं क्योंकि निर्णय लेने के लिए आवश्यक जानकारी की कमी होती है।

3. <u>पर्यावरणिक चुनौती</u>: अक्सर निर्णय लेने के लिए पर्यावरण चुनौतियां चुनौतीपूर्ण होती है। इसमें सामाजिक, सांस्कृतिक, राजनीतिक और आर्थिक परिस्थितियाँ शामिल हो सकती हैं, जो निर्णय लेने वाले व्यक्ति को प्रभावित कर सकती हैं और उनकी विचारधारा पर प्रभाव डाल सकती हैं।

4. <u>सामान्य विकल्पों की चुनौती</u>: कई बार निर्णय लेने का यह सबसे बड़ा चुनौतीपूर्ण हिस्सा होता है कि हमें विभिन्न संभावित विकल्पों में से किसी एक चुनना होता है। यह बाधाओं, आपातकालीन स्थितियों, संकटों या अस्थिरताओं के कारण और उपलब्ध संसाधनों और जानकारी के सीमित होने के कारण और भी कठिन हो सकता है।

5. <u>नैतिक चुनौती</u>: कई बार निर्णय लेने का सबसे बड़ा चुनौतीपूर्ण हिस्सा होता है कि हमें नैतिक मानदंडों, मूल्यों और नैतिकता के मामले में सही और गलत के बीच चुनाव करना होता है। यह निर्णय लेने वाले व्यक्ति की नैतिक बुद्धि, जिम्मेदारी और ईमानदारी को मापता है।

6. <u>समय की चुनौती</u>: कई बार निर्णय लेने के लिए उचित समयबद्धता की आवश्यकता होती है। समय की कमी, सीमित समय अवधि और निर्णय की आवश्यकता के बीच चुनौतियाँ उत्पन्न हो सकती हैं।

ये केवल कुछ प्रमुख चुनौतियाँ हैं जो निर्णय लेने के समय उत्पन्न हो सकती हैं। निर्णय लेने वाले व्यक्ति को इन चुनौतियों को समझने और सामरिक ढंग से सामना करने की क्षमता होनी चाहिए ताकि वह सबसे उचित और प्रभावी निर्णय ले सके।

*****

19

तनाव और तनाव प्रबंधन

निर्णय लेने के प्रमुख चुनौतियां और तनाव प्रबंधन की आवश्यकता हमारे जीवन में एक आम बात है। जब हम फैसले लेते हैं, तब कई प्रकार के चुनौतियां और तनाव हमारे सामने आते हैं, जो हमारे निर्णय लेने की प्रक्रिया को प्रभावित कर सकते हैं। यहां प्रमुख चुनौतियां और तनाव के कुछ प्रमुख कारण हैं:

1. <u>संबंधित संकट</u>: कई बार हमारे सामने ऐसे संकट या समस्या उत्पन्न हो जाते हैं, जिन्हें सुलझाने के लिए हमारे पास थोड़ा सा समय और सुविधाएं होती हैं। इस प्रकार के संकट और समस्याओं के समय, हमें समझना होता है कि किस प्रकार का फैसला लेना है और यह हमारे लिए कितना महत्वपूर्ण है।

2. <u>संबंधित जानकारी की कमी</u>: निर्णय लेने के लिए संबंधित जानकारी का होना बहुत आवश्यक है। लेकिन कई बार हमारे पास सही और पूरा जानकारी न होने के कारण, हमें ठीक प्रकार से फैसला लेने में दिक्कत होती है। इस प्रकार के तनाव से बचने के लिए, हमें जरूरी है कि हम संबंधित जानकारी को समझें और जानकारी प्राप्त करने के लिए सही स्रोतों का उपयोग करें।

3. <u>समय की कमी</u>: जीवन में समय की कमी एक आम समस्या है और यह हमारे निर्णय लेने की प्रक्रिया पर भी प्रभाव डाल सकती है। कई बार, समय की कमी के चलते हम जल्दी में फैसला लेना चाहते हैं, जिससे गलत या अनुचित फैसला हो सकता है। इसलिए, समय की कमी की स्थिति में भी हमें ध्यान रखना चाहिए कि हम संबंधित प्रमाणों और विकल्पों को विचारित करें, ताकि सही

फैसला लिया जा सके।

4. <u>समृद्धि की भोज</u>: कई बार, हमारे पास बहुत से विकल्प होते हैं और हर विकल्प अपने साथ एक निश्चित जिम्मेदारी और भोज लाया है। इस प्रकार के समृद्धि से तनाव बढ़ सकता है, क्योंकि हमारे पास जिम्मेदारियों की लंबी सूची होती है। इस प्रकार के तनाव को प्रबंधित करने के लिए, हमें अपनी प्राथमिकताओं को समझने और अपने लक्ष्यों और अवसरों के अनुकूल फैसला लेना चाहिए।

इन प्रमुख चुनौतियों और तनावों को प्रबंधित करने के लिए, हम कुछ उपाय और तरीके अपना सकते हैं:

1. <u>स्वस्थ शरीर और दिमाग</u>: अपने शरीर और दिमाग की अच्छी देखभाल करने के लिए नियमित व्यायाम करें, पोषणपूर्ण आहार लें और प्रतिदिन की नींद पूरी करें। स्वस्थ शरीर और दिमाग, चुनौतियों और तनावों से निपटने में मदद करते हैं।

2. <u>समय प्रबंधन</u>: अपने समय को सही तरीके से प्रबंधित करें। एक समय नियमितीकरण की व्यवस्था बनाएं, जिससे आपकी सुविधा हो और आप अपने फैसलों पर अच्छे से विचार कर सकें।

3. <u>सही जानकारी प्राप्त करें</u>: निर्णय लेने के लिए संबंधित जानकारी प्राप्त करने का प्रयास करें। इंटरनेट, किताबें, एक्सपर्टों से बातचीत या अनुभव प्राप्त करें। सही जानकारी आपके फैसलों को सही दिशा में ले जाने में मदद करेगी।

4. <u>दोस्त या परिवार की सलाह लें</u>: कभी-कभी हमारे पास फैसले लेने के समय सही रास्ता समझने में परेशानी होती है। इस प्रकार की स्थिति में दोस्त या परिवार के साथ सलाह लेना बहुत फायदेमंद हो सकता है। उनकी सलाह और सुझाव आपको नए तथ्य और पहलुओं को समझने में मदद करेंगे।

5. <u>ध्येय को स्थिर रखें</u>: अपने निर्णय लेने की प्रक्रिया में, अपने ध्येय और उद्देश्यों को स्थिर रखें। जब आप अपने लक्ष्यों को याद रखते हैं, तब आपकी सोच और फैसला लेने की क्षमता बढ़ती है।

इन उपायों और तरीकों से, हम अपनी निर्णय लेने के स्किल्स को सुधार सकते हैं और प्रमुख चुनौतियों और तनावों का प्रबंधन कर सकते हैं। समय का अच्छे से इस्तेमाल करना, सही जानकारी प्राप्त करना और अपने ध्येय को स्थिर रखना,

सही फैसला लेने में मदद करता है और तनाव को कम करता है।

*****

20

संकट और विरोध

<u>संकट</u>:- निर्णय लेने के समय हमारे सामर्थ्य और धैर्य को परखता है। यह हमारे निर्णयों पर दबाव डालता है और हमें चुनौती प्रदान करता है। कुछ प्रमुख संकट चुनौतियां निम्नलिखित हैं:

- <u>समय की चुनौती:</u> जब हमारे पास सीमित समय होता है और हमें निर्णय लेना होता है, तो समय की चुनौती होती है। इसमें हमें बड़े समयवार्ती निर्णय लेने की आवश्यकता होती है जो हमें समय की कमी के चलते चुनना पड़ता है।

- <u>जानकारी की चुनौती:</u> जब हमारे पास पूरी जानकारी नहीं होती है और हमें निर्णय लेना होता है, तो जानकारी की चुनौती होती है। यह हमें विभिन्न संकटों के बीच उचित निर्णय लेने की क्षमता प्रदान करती है।

- <u>सामरिकी चुनौती:</u> जब हमारे पास विभिन्न विकल्प होते हैं और हमें निर्णय लेना होता है, तो सामरिकी चुनौती होती है। इसमें हमें सभी विकल्पों की गुणवत्ता की तुलना करनी होती है और सबसे उच्चतम मानदंड के आधार पर निर्णय लेना पड़ता है।

<u>विरोध</u>:-विरोध निर्णय लेने के समय हमारे भावनाओं और मूल्यों को परखता है। यह हमें निर्णयों की सहीता और उचितता की परीक्षा करता है। कुछ प्रमुख विरोध चुनौतियां निम्नलिखित हैं:

- <u>नैतिकता की चुनौती:</u> जब हमें नैतिक मूल्यों के खिलाफ जा रहे निर्णय लेने होते हैं, तो नैतिकता की चुनौती होती है। यह हमें सही और गलत के बीच सही

निर्णय लेने की क्षमता प्रदान करता है।

- <u>व्यक्तिगत चुनौती</u>: जब हमारे पास व्यक्तिगत दृष्टिकोण से विपरीत विकल्प होते हैं और हमें निर्णय लेना होता है, तो व्यक्तिगत चुनौती होती है। इसमें हमें अपने स्वयं के हित और समाज के हित के बीच संतुलन स्थापित करना पड़ता है।
- <u>सामाजिक चुनौती</u>: जब हमें समाज के हित और व्यक्तिगत हित के बीच निर्णय लेना होता है, तो सामाजिक चुनौती होती है। यह हमें समाज के सामान्य और विशेष आदर्शों के मध्य संतुलन स्थापित करने की क्षमता प्रदान करता है।

संकट और विरोध के बीच निर्णय लेने में यह जरूरी है कि हम विचारशीलता, नैतिकता, धैर्य और सही ज्ञान का उपयोग करें। यह हमें संकटों और विरोधों के बावजूद सही और समझदार निर्णय लेने में सहायता करेगा।

*****

21

प्रमुख चुनौतियां या बड़े चुनौते

बड़े चुनौते या प्रमुख चुनौतियाँ हमारे जीवन में विभिन्न रूपों में आ सकती हैं। ये चुनौतियाँ हमारी प्रगति, सफलता और खुशहाली की दिशा में बड़ी भूमिका निभा सकती हैं। इसलिए, यहां हम कुछ बड़ी चुनौतियों के बारे में बात करेंगे और उनके साथ कैसे निपटा जा सकता है, इसे विस्तार से समझेंगे:

1. <u>विपरीत परिस्थितियाँ</u>: यह एक बड़ी चुनौती है जब हमारी स्थिति हमारी उम्मीदों, योजनाओं और अपेक्षाओं के विपरीत होती है। इस स्थिति में, हमें सक्रिय बने रहने, आदर्शों और मानवीय गुणों पर ध्यान केंद्रित करने की आवश्यकता होती है। यहा प्रासंगिक निर्णय लेना महत्वपूर्ण होता है ताकि हम आगे बढ़ सकें और स्थिति को सुधार सकें।

2. <u>संघर्ष और परिवर्तन</u>: जीवन में संघर्ष और परिवर्तन अवित क्षेत्र हैं। ये चुनौतियाँ आपकी सामर्थ्य का माप लेती हैं और आपको बदलाव के साथ समझौता करने के लिए प्रेरित करती हैं। इन चुनौतियों को स्वीकार करने के बाद, आपको उनसे सीखना और आगे बढ़ने के लिए उन्हें संभालना चाहिए। यहाँ महत्वपूर्ण है कि आप विचारपूर्वक निर्णय लें और परिवर्तन की दिशा में कदम उठाएं।

3. <u>समय का प्रबंधन</u>: आपके पास हमेशा बहुत सी गतिविधियाँ और कार्य होते हैं और उन्हें समय पर पूरा करना एक चुनौती हो सकता है। समय का प्रबंधन चुनौती से निपटने के लिए, आप को उचाईयों की प्राथमिकता और केंद्रित करने

की क्षमता विकसित करनी चाहिए। आपको व्यवस्थित रूप से कार्य करने के लिए समय बचाने के तरीकों का भी उपयोग करना चाहिए।

4. <u>संघर्षों का सामना:</u> जीवन में हमेशा संघर्ष होते रहते हैं जैसे कि व्यक्तिगत, पेशेवर, और सामाजिक संघर्ष। इन संघर्षों के सामने खड़ा होना एक महत्वपूर्ण चुनौती है। संघर्षों का सामना करने के लिए, आपको अपने मानसिक स्थिति को मजबूत रखने, संघर्षों से सीखने, और समाधानों की खोज करने की क्षमता विकसित करनी चाहिए।

5. <u>निर्णयों की गुणवता:</u> जीवन में हमेशा निर्णय लेने की आवश्यकता होती है, और कई बार वे सटीक और सार्थक होने की चुनौती पेश करते हैं। बड़े निर्णय लेने के लिए, आपको तथ्यों को विश्लेषण करने, सम्भावनाओं को मूल्यांकन करने, अनुभव और ज्ञान का उपयोग करने, और सही निर्णय लेने की क्षमता विकसित करनी चाहिए।

ये कुछ बड़ी चुनौतियाँ हैं जो हमें अपने जीवन में उभरती रहती हैं। हमें इन चुनौतियों का सामना करना चाहिए और इनका समाधान ढूंढना चाहिए ताकि हम सफलतापूर्वक आगे बढ़ सकें। चुनौतियाँ जीवन का महत्वपूर्ण हिस्सा हैं और हमारे विकास को स्थायी बनाने में मदद कर सकती हैं।

*****

22

निर्णय लेने में सफल होने के उपाय

<u>अनुभव और ज्ञान की महिमा</u>: वास्तविकता में, यह सत्य है कि निर्णय लेना आपके जीवन में एक महत्वपूर्ण भूमिका निभाता है। यह आपकी प्रगति, सफलता और संतुष्टि का मूल माध्यम हो सकता है। चाहे आप व्यापार कर रहे हों, नौकरी कर रहे हों, शिक्षा प्राप्त कर रहे हों, या किसी अन्य क्षेत्र में हों, आपको निर्णय लेने की आवश्यकता होती है।

निर्णय लेने में आपके अनुभव और ज्ञान का महत्वपूर्ण योगदान होता है। अनुभव आपको उस प्रकार की जानकारी प्रदान करता है जो केवल आपको स्थिति के बारे में पता होती है, जिसमें आप हैं। आप ने उस दिशा में चुनाव किया होगा और उससे आपको सीख मिली होगी। आपके पिछले निर्णय आपको बताते हैं कि कौन से तरीके काम करते हैं और कौन से नहीं।

ज्ञान भी निर्णय लेने के लिए महत्वपूर्ण होता है। यह आपके पास विभिन्न विकल्पों, समस्याओं और संभावित परिणामों के बारे में जानकारी प्रदान करता है। अगर आपके पास सही ज्ञान नहीं होगा, तो आप गलत या अनुपयुक्त निर्णय ले सकते हैं। उचित ज्ञान के आधार पर निर्णय लेना आपको संभावित नुकसान से बचा सकता है और सही दिशा में आगे बढ़ा सकता है।

अधिकतर लोग अपने अनुभव और ज्ञान के माध्यम से निर्णय लेते हैं। यह आपके मन की आवश्यकताओं, इच्छाओं, सीमाओं और वैयक्तिकता के साथ जुड़ा होता है। जब आप नये या महत्वपूर्ण निर्णय लेने जा रहे हों, तो आपको अपने पूर्वानुभव, ज्ञान, और भावनाओं को मध्यस्थ बनाकर एक तरफा सोचना चाहिए।

हालांकि, कभी-कभी अनुभव और ज्ञान हमें गलत रास्ते पर भी ले जा सकते हैं। इसलिए, समय-समय पर आपको अपने विचारों, दूसरों के सुझावों और नए और विभिन्न दृष्टिकोणों पर विचार करने की आवश्यकता होती है। अनुभव और ज्ञान के साथ संयुक्त निर्णय लेने से आपको बेहतर परिणाम प्राप्त हो सकते हैं और अपने लक्ष्यों की प्राप्ति कर सकते हैं।

लघु रूप में, अनुभव और ज्ञान निर्णय लेने में महत्वपूर्ण होते हैं। ये आपको सही और सफल निर्णय लेने में मदद करते हैं। यह आपकी उन्नति और संतुष्टि के लिए आवश्यक होते हैं, चाहे व्यापार में हो या व्यक्तिगत जीवन में। तो, आपको अपने अनुभव और ज्ञान का सदुपयोग करते हुए सबल और समयबद्ध निर्णय लेने का प्रयास करना चाहिए।

- <u>साथियों की सलाह की अहमियत:</u> सहायता और सलाह दोनों ही अहम तत्व हैं जो किसी कि निर्णय लेने में मदद करते हैं। सफलतापूर्वक निर्णय लेने के लिए आपको अक्सर विभिन्न पक्षों का मूल्यांकन करने, प्रमुख बातचीत करने और समाधान पर विचार करने कि आवश्यकता होती है। इसमें सहायता और सलाह आपको एक विस्तृत और विवेचनात्मक परिपेक्ष्य के साथ आपके निर्णयों को समृद्ध करने में मदद करते हैं। यहां कुछ कारण हैं जो सहायता और सलाह को निर्णय लेने में महत्वपूर्ण बनाते हैं:

1. <u>विभिन्न दृष्टिकोण:</u> सहायता और सलाह आपको अलग-अलग दृष्टिकोण और विचारधाराओं को समझने में मदद करते हैं। यह आपको एक मुद्दे को विभिन्न तत्वों से देखने और विश्लेषण करने में सक्षम बनाता है। इससे आप अपने निर्णय को एक आदर्शित परिप्रेक्ष्य से देख सकते हैं और सभी पक्षों को मध्यस्थता से विचार कर सकते हैं।

2. <u>विवेचनात्मक विचार:</u> सहायता और सलाह आपको विवेचनात्मक विचार करने में सहायता करते हैं। यह आपको संदर्भ के बारे में अधिक जानकारी जुटाने और सम्भावित परिणामों की विवेचना करने की सामर्थ्य प्रदान करता है। एक सही विवेचना प्रक्रिया से आप अवसरों और संकटों को पहचान सकते हैं और अनुकरणीय निर्णय ले सकते हैं।

3. <u>नए परिस्थितियों का मूल्यांकन:</u> सहायता और सलाह आपको नई परिस्थितियों को मूल्यांकन करने में मदद करते हैं। जब आप एक निर्णय लेने के लिए तैयार होते हैं, तो आपके पास अधिकांश जानकारी नहीं होती है और

यह नये मामलों का आकलन करना कठिन हो सकता है। ऐसे समय में सलाह आपको उन परिस्थितियों को समझने और मूल्यांकन करने में सहायता करती है जिनमें आप पहले से अनभिज्ञ हों।

4. <u>नये समाधान की प्रोत्साहनाः</u> अक्सर हमारे पास निर्णय लेने के लिए विभिन्न समाधान होते हैं, लेकिन हमें सही और समर्थित समाधान की तलाश होती है। सहायता और सलाह हमें नये समाधान की प्रोत्साहना देते हैं और हमारे विचारों को संभावित समाधानों तक पहुंचाते हैं। इससे हम बाहरी परिपेक्ष्य के साथ संभव समाधानों की खोज कर सकते हैं और एक सर्वोत्तम निर्णय ले सकते हैं।

इन सभी कारणों से स्पष्ट होता है कि सहायता और सलाह का महत्वपूर्ण योगदान निर्णय लेने में होता है। जब हम सलाह और सहायता की ओर ध्यान देते हैं, तो हम अपने निर्णय को एक मंजिल के रूप में स्पष्ट करने के लिए विचारशीलता, अनुभव, और विवेक का सही उपयोग करते हैं। इसके परिणामस्वरूप, हम सफलतापूर्वक और स्थायी निर्णय ले सकते हैं और अपने जीवन के विभिन्न क्षेत्रों में सफलता प्राप्त कर सकते हैं।

• <u>सोच बदलनाः</u>- सोच बदलना अर्थात नई और अलग दृष्टिकोण देखना जो हमारे विचारों, धारणाओं और आपूर्ति चैनलों को प्रभावित कर सकता है। यह हमें नए और स्पष्ट अवसरों का पता लगाने और बिना पूर्वज्ञान और प्रज्ञा के निर्णय लेने में मदद कर सकता है। इसके लिए एक उदाहरण, कहीं आप बहुत लंबे समय से एक नौकरी कर रहे हैं और आपको अपनी नौकरी से संतुष्ट रहने की आपको आदत हो गई है | आप वास्तविकता में अपनी पूरी क्षमता को प्रकट नहीं कर पा रहे हैं। आप अपने संगठन में उन्नति के लिए नई और उच्चतर स्तर की जिम्मेदारियों और चुनौतियों की तलाश में हैं।

इस मामले में, सोच बदलना आपको नए और विभिन्न दृष्टिकोण प्रदान कर सकता है। आप सोच सकते हैं कि क्या आपको अपनी वर्तमान नौकरी को छोड़कर नई नौकरी खोजनी चाहिए | जो आपके कौशल और होभीयों को अधिक प्रभावी ढंग से प्रदर्शित करने का अवसर प्रदान करेगी। आप इस नई नौकरी में अधिक बढ़ोतरी के लिए आवश्यकता और मान्यता का विचार कर सकते हैं। इसके अलावा, आप अपने क्षेत्र में नए विकासों, संभावित नेटवर्क कनेक्शन और ताजगी के अवसरों की खोज करने के लिए नए रास्तों पर चल सकते हैं।

इस तरह, सोच बदलने से आपको नौकरी से संतुष्टि की भूमिका से बाहर निकलने के लिए मदद मिलती है और आपको अपने व्यापारिक और व्यक्तिगत निर्णयों को और बेहतर बनाने के लिए नई और स्वतंत्र सोच की अनुमति मिलती है।

*****

23

निर्णय लेने के प्रमुख प्रभाव

निर्णय लेना हमारे जीवन में एक महत्वपूर्ण कौशल है जिससे हम अपने जीवन के महत्वपूर्ण फैसलों को लेते हैं। हमारे निर्णयों का प्रमुख प्रभाव हमारे जीवन की दिशा और प्रगति पर पड़ता है। यहां हम देखेंगे कि निर्णय लेने के कुछ महत्वपूर्ण प्रमुख प्रभाव होते हैं।

1. <u>सामग्री</u>: निर्णय लेने का प्रमुख प्रभाव सामग्री पर पड़ता है। हमारे पास सही और संपूर्ण जानकारी होना चाहिए ताकि हम सही और उचित निर्णय ले सकें। अगर हमें कम जानकारी होती है या हम सामग्री की गलत अवलोकन करते हैं, तो हमारा निर्णय गलत हो सकता है और असफलता का कारण बन सकता है। इसलिए, सामग्री के प्रभाव को गहराई से अध्ययन करना और सही जानकारी का इस्तेमाल करना निर्णय लेने में महत्वपूर्ण है।

2. <u>अनुभव</u>: हमारे अनुभव भी हमारे निर्णयों पर बहुत प्रभाव डालते हैं। अनुभव के माध्यम से हम अपनी पूर्वज्ञान, अभिज्ञान और समझ का उपयोग करते हैं। अनुभव बिना सोचे-समझे निर्णय लेने से हमें गलती का सामना करना पड़ सकता है। इसलिए, अपने अनुभवों का समय-समय पर समीक्षा करके निर्णय लेना बेहतर होता है।

3. <u>विचार-विमर्श</u>: निर्णय लेने में विचार-विमर्श का महत्वपूर्ण योगदान होता है। हमें अलग-अलग विकल्पों को ध्यान में रखना चाहिए और उनके फायदे, हानियां, परिणाम आदि को मूल्यांकन करना चाहिए। विचार-विमर्श के

माध्यम से हम विभिन्न पक्षों को विश्लेषण करते हैं और उचित और सही निर्णय लेने का प्रयास करते हैं।

4. **भावना**: हमारी भावनाएं और भावुकता भी हमारे निर्णयों को प्रभावित करती हैं। जब हम किसी विषय पर उत्सुक और संतुष्ट होते हैं, तो हमें उसमें उत्कृष्टता और सफलता की भावना होती है। भावनाओं का ध्यान रखकर निर्णय लेने से हम अपने लक्ष्य की ओर एकदिशी होते हैं और उसे प्राप्त करने के लिए सक्रिय रूप से काम करते हैं।

5. **सामर्थ्य**: हमारी सामर्थ्य और क्षमता भी हमारे निर्णयों पर प्रभाव डालती है। हमें अपनी क्षमताओं, कौशलों, संसाधनों, सामरिकता आदि को ध्यान में रखते हुए निर्णय लेना चाहिए। अगर हमारी क्षमताओं के माध्यम से हम किसी कार्य को संभाल सकते हैं, तो हमें उसे अवश्य प्राथमिकता देनी चाहिए।

इन प्रमुख प्रभावों के आधार पर हमें अपने निर्णयों को सावधानीपूर्वक लेना चाहिए। सही सामग्री, अनुभव, विचार-विमर्श, भावना और सामर्थ्य का उपयोग करके हम सफलता की ओर अग्रसर हो सकते हैं। इसलिए, बेहतर निर्णय लेने के लिए हमें अपने जीवन में ये प्रभावों को महत्वपूर्ण स्थान देना चाहिए।

परिवार और दोस्त: निर्णय लेना परिवार और दोस्तों पर गहरा प्रभाव डालता है। जब हम अपने जीवन में महत्वपूर्ण या छोटे-मोटे निर्णय लेते हैं, तो वे हमारे परिवार और दोस्तों के जीवन पर सीधा और प्रत्यक्ष प्रभाव डालते हैं। हमारे निर्णय हमारे भावनात्मक, सामाजिक और आर्थिक संबंधों को प्रभावित करते हैं और यह हमारे परिवार और दोस्तों के जीवन की गुणवत्ता और समृद्धि पर बहुत सारा प्रभाव डाल सकते हैं।

इसे एक उदाहरण के माध्यम से समझते हैं:- सोचें कि आपने अपने परिवार के साथ एक बड़ा घर खरीदने का निर्णय लिया है। यह निर्णय आपके परिवार के सदस्यों के जीवन पर सीधा प्रभाव डालेगा। जैसे-जैसे आप नये घर बदलते हैं, आपके परिवार के सदस्यों की जीवनशैली, संगठन क्षमता और आपसी संबंध बदल जाएंगे। आपके नये घर के साथ रहने वाले साथियों और माहौल से संबंधित नए सामाजिक संबंध बनेंगे। इसके अलावा, यदि घर खरीदने के लिए आपके परिवार की आर्थिक स्थिति भी प्रभावित होती है, तो आपके निर्णय के परिणामस्वरूप आपके परिवार की आर्थिक गतिविधियों और स्थिति पर भी प्रभाव पड़ सकता है।

अब हम दोस्तों पर निर्णय के प्रभाव पर चर्चा करते हैं। सोचें कि आपके दोस्तों के साथ एक यात्रा के लिए आपने तत्कालीन नौकरी को छोड़ने का निर्णय लिया

है। इस निर्णय से आपके दोस्तों के जीवन पर सीधा प्रभाव पड़ेगा। यदि आप उनके साथ यात्रा पर नहीं जाते हैं, तो यह उनके जीवन में एक बड़ा परिवर्तन होगा। वे आपके साथ नहीं होने के कारण निराश हो सकते हैं। साथ ही, इस निर्णय से आपके दोस्तों के संबंध भी प्रभावित होंगे। इससे आपके और उनके बीच के अवसरों की कमी आ सकती है और आपसी संबंध कमजोर हो सकते है।

इस प्रकार, हम देख सकते हैं कि हमारे निर्णय हमारे परिवार और दोस्तों के जीवन पर सीधा प्रभाव डालते हैं। हमें इस बात का ध्यान रखना चाहिए कि हमारे निर्णयों के परिणामस्वरूप हमारे परिवार और दोस्तों के साथी के भावनात्मक, सामाजिक, आर्थिक और मनोवैज्ञानिक पहलुओं पर प्रभाव पड़ते हैं। इसलिए, हमें ध्यान देना चाहिए कि हम किस प्रकार के निर्णय ले रहे हैं और यह हमारे परिवार और दोस्तों के जीवन को कैसे प्रभावित करेगा।

<u>सामाजिक संकट और प्रभाव:</u> सामाजिक संकट और प्रभाव पर निर्णय लेने का तरीका अत्यंत महत्वपूर्ण है, क्योंकि इसका सीधा प्रभाव हमारे समाज और उसमें रहने वाले लोगों पर पड़ता है। निर्णय लेने के समय हमें सामाजिक, मानविक और आर्थिक प्रभावों का ध्यान रखना चाहिए। हमारे निर्णय लेने के परिणामस्वरूप उत्पन्न होने वाले प्रभावों के विषय में जागरूकता होनी चाहिए ताकि हम सकारात्मक प्रभावों को बढ़ावा देने के लिए उचित निर्णय ले सकें।

सामाजिक संकट का एक उदाहरण भूखमरी हो सकता है। जब किसी राज्य या क्षेत्र में भूखमरी होती है, तो लोगों की आर्थिक स्थिति प्रभावित होती है और सामाजिक असामंजस महसूस होता है। इस स्थिति में, सरकार और अन्य संगठनों को निर्णय लेने के लिए विभिन्न विकल्पों का सामरिक मूल्यांकन करना होता है।

निर्णय लेने के लिए एक तरीका है कि सरकार अन्न वितरण केंद्र स्थापित करके भूखमरी से प्रभावित लोगों को खाद्यान्न प्रदान करें। इससे भूखमरी से प्रभावित लोगों को सहायता मिलेगी और वे अपनी मानसिकता में सुधार कर पाएंगे। यह निर्णय सामाजिक प्रभाव बनाने का एक उदाहरण है, जहां सामाजिक असामंजस घटेगा और लोग आराम से खाना पाएगे |

एक और उदाहरण हैं विद्यालयों में शिक्षा परीक्षाओं के संचालन के लिए निर्णय लेना। यदि शिक्षा मंत्रालय या विद्यालयों का प्रबंधन निर्णय लेते हैं कि किसी विशेष परीक्षा को रद्द किया जाए या स्थगित किया जाए, तो इसका सामाजिक प्रभाव होगा। छात्रों की तैयारी और मानसिक संतुलन पर प्रभाव पड़ेगा। इसके अलावा, यह निर्णय भी आर्थिक प्रभाव डालेगा, क्योंकि परीक्षा के संचालन से जुड़े अन्य खर्चों का भी समाधान होना होगा।

इन उदाहरणों से स्पष्ट होता है कि निर्णय लेने के लिए संकट के प्रभाव का ध्यान रखना आवश्यक है। सामाजिक, मानविक और आर्थिक प्रभावों की समझ और इनका मूल्यांकन करने के बाद हमें उचित निर्णय लेना चाहिए ताकि हम सामाजिक संकट को कम करने और सकारात्मक प्रभावों को बढ़ावा देने के लिए सही कदम उठा सकें।

<u>आत्मविश्वास की प्रक्रिया</u>: आत्मविश्वास की प्रक्रिया पर निर्णय लेने का प्रभाव महत्वपूर्ण होता है। निर्णय लेना व्यक्ति के आत्मविश्वास को प्रभावित करने वाली एक महत्वपूर्ण क्रिया है जो उसकी व्यक्तित्विक और आधारभूत विकास में महत्वपूर्ण भूमिका निभाती है।

निर्णय लेने के प्रक्रियात्मक प्रभाव:

1. <u>स्वयं विश्वास को सुदृढ करता है</u>: निर्णय लेना व्यक्ति के स्वयं पर विश्वास करने में सहायता करता है। जब व्यक्ति अपने स्वयं के लिए निर्णय लेता है, तो उसे आत्मविश्वास विकसित होता है। यह उसे अपनी क्षमताओं, योग्यताओं और नैपुण्य का अनुभव कराता है। जैसे-जैसे व्यक्ति निर्णय लेने में सफल होता है, उसका आत्मविश्वास और उच्च होता जाता है।

उदाहरण: एक छात्रा अपने कोचिंग सेंटर के लिए निर्णय लेने के लिए असमंजस में है। वह जानना चाहती है कि क्या वह कोचिंग में अच्छी प्रदर्शन कर सकेगी या नहीं। जब वह निर्णय लेती है और कोचिंग में प्रवेश करती है, तो उसे अपने विद्यार्थी जीवन में सफलता मिलती है। इस तरह के निर्णय लेने से वह अपने आप पर विश्वास करना सीखती है और अपने आपको साबित करती है कि वह सफल हो सकती है।

1. <u>नई अनुभूतियों का संचार करता है</u>: निर्णय लेने की प्रक्रिया व्यक्ति को नई अनुभूतियों के साथ संपर्क करने का मौका प्रदान करती है। जब हम निर्णय लेते हैं, तो हम नई स्थिति के बारे में अधिक जानकारी प्राप्त करते हैं, अनुभव प्राप्त करते हैं और नई क्षमताएं विकसित करते हैं। इसके परिणामस्वरूप, हमारी आत्मविश्वास की प्रक्रिया में सकारात्मक परिवर्तन होता है।

उदाहरण: एक व्यापारी एक नई विपणन कार्यक्रम में निवेश करने के बारे में विचार कर रहा है। जब वह निर्णय लेता है कि क्या इस कार्यक्रम में निवेश करना

सही होगा, तो उसे विपणन के क्षेत्र में नया ज्ञान और अनुभव प्राप्त होता है। यह उसे अन्य उद्योग के लिए आवश्यक क्षमताएं विकसित करने का मौका देता है और इसके परिणामस्वरूप, वह अपने आप पर अधिक विश्वास करता है।

3. <u>**समस्याओं का समाधान करने में मदद करता है**</u>: निर्णय लेने की प्रक्रिया व्यक्ति को समस्याओं का समाधान करने के लिए अभियांत्रिकी सोचने का अवसर प्रदान करती है। जब हम एक निर्णय लेते हैं, तो हम अलग-अलग परामर्श और विचारों को महसूस करते हैं और इस प्रकार से हम समस्याओं के लिए समाधान खोजने का अभ्यास करते हैं। यह हमें अधिक सकारात्मक दृष्टिकोण विकसित करने में मदद करता है और हमारे आत्मविश्वास की प्रक्रिया को सुदृढ़ करता है।

उदाहरण: एक निवेशक एक नए व्यापारिक प्रस्ताव को देख रहा है। जब वह निर्णय लेता है कि क्या वह इस प्रस्ताव में निवेश करेगा, तो उसे उसकी वित्तीय स्थिति, बाजार के प्रतिकूलताओं और संभावित समस्याओं के बारे में सोचने का मौका मिलता है। यह उसे समस्याओं के संभावित समाधानों को समझने और उन्हें पहचानने का अभ्यास करने का मौका देता है, जो उसके आत्मविश्वास को बढ़ाता है।

इस प्रकार निर्णय लेने का प्रभाव आत्मविश्वास की प्रक्रिया पर सीधा और प्रभावी रूप से पड़ता है। निर्णय लेने के माध्यम से, व्यक्ति अपने स्वयं की प्रशंसा और अपनी क्षमताओं की पहचान करता है, नई अनुभूतियों से विचार करता है, समस्याओं का समाधान खोजता है और अधिक सकारात्मक दृष्टिकोण विकसित करता है। इस प्रकार, निर्णय लेने की प्रक्रिया आत्मविश्वास के विकास में महत्वपूर्ण भूमिका निभाती है।

*****

24

निर्णय बनाने की आगे बढ़ने की नई दिशा

निर्णय लेने की प्रक्रिया मानव जीवन का एक महत्वपूर्ण हिस्सा है। इसके माध्यम से हम किसी भी चुनौती या समस्या का समाधान निर्धारित करते हैं और अपने लक्ष्यों तक पहुंचने के लिए कदम उठाते हैं। बहुत सारे तत्व और प्रक्रियाएं एक सही और प्रभावी निर्णय लेने में सहायता करती हैं। इसलिए, आज के दौर में, नए दिशा और तरीके विकसित हो रहे हैं जिन्हें अपना कर्म बेहतर निर्णय लेने के लिए उपयोग किया जा सकता है।

यहां कुछ नए दिशानिर्देश और उदाहरण दिए गए हैं जो आपको निर्णय लेने में मदद कर सकते हैं:

1. <u>डेटा-ड्राइवन निर्णय</u>: डेटा विश्लेषण एवं एकत्र करने के लिए नवीनतम टूल और तकनीक का उपयोग करना आजकल के निर्णयों में महत्वपूर्ण है। यह हमें आधारभूत तत्वों और आंकड़ों पर आधारित निर्णय लेने में मदद करता है। उदाहरण के रूप में, एक व्यापारी अपने व्यापार के लिए स्टॉक की मांग का विश्लेषण करके समझ सकता है और तब निर्णय ले सकता है कि कितने उत्पाद ऑर्डर करने चाहिए।

2. <u>सांख्यिकीय मॉडल और एल्गोरिदम</u>: एक संख्यात्मक मॉडल या एल्गोरिदम का उपयोग करके भविष्यवाणी और मॉडलिंग करने से निर्णय लेने में मदद मिलती है। उदाहरण के रूप में, एक वित्तीय निवेशक अपने निवेश पोर्टफोलियो के लिए मॉडल और एल्गोरिदम का उपयोग करके

आगामी मार्केट परिस्थितियों का विश्लेषण कर सकता है और सही निवेश के फैसले ले सकता है।

3. <u>सामाजिक मानदंड:</u> नए दिशानिर्देश में एक महत्वपूर्ण पहलू है सामाजिक मानदंडों का ध्यान रखना। जब हम निर्णय लेते हैं, तो हमें समाज, नैतिकता, और सामाजिक प्रभावों का भी ध्यान रखना चाहिए। उदाहरण के रूप में, एक व्यापारी एक नये उत्पाद की विक्रय करने के लिए निर्णय लेते समय उत्पाद के पर्यावरणीय प्रभावों, ग्राहकों की आवश्यकताओं और समाज के उपयोग का ध्यान में रख सकता है।

4. <u>संबंधों का महत्व:</u> निर्णय लेने के दौरान, संबंधों की महत्वपूर्ण भूमिका होती है। यह शामिल कर सकता है व्यक्ति के साथी, परिवार, सलाहकार या नेटवर्क की राय को समझने के लिए एक माध्यम प्रदान करता है। उदाहरण के रूप में, एक व्यापारी अपने साथियों और सलाहकारों से बातचीत करके अधिक सूक्ष्म जानकारी और मत ले सकता है और सही निर्णय ले सकता है।

इन उदाहरणों के माध्यम से यह स्पष्ट होता है कि आज के समय में निर्णय लेने के नए दिशानिर्देश और तकनीक विकसित हो रहे हैं जो हमें सही, प्रभावी, और अनुकूल निर्णय लेने में मदद कर सकते हैं। हमें उपयोग में लेने के लिए इन नए दिशानिर्देशों का सक्षम और संयोजित ढंग से इस्तेमाल करना चाहिए।

*****

25

डिजिटल दुनिया में निर्णय कैसे लिये जाए?

आधुनिक समय में डिजिटल दुनिया ने लोगों के जीवन में एक महत्वपूर्ण बदलाव ला दिया है और यह बदलाव भी निरंतर बढ़ता ही जा रहा है। डिजिटल दुनिया में नेटवर्क, सोशल मीडिया, ईमेल, मोबाइल ऐप्लिकेशन्स, ई-कॉमर्स प्लेटफॉर्म्स और इंटरनेट बैंकिंग जैसे तकनीकी उपकरण विभिन्न डिजिटल सेवाओं के रूप में उपयोग होते हैं।

इस नई डिजिटल दुनिया में डिजिटल नेटवर्क के माध्यम से लोग एक दूसरे से जुड़ सकते हैं और विभिन्न जानकारी और डेटा को साझा कर सकते हैं। इसलिए, यहां डिजिटल नेटवर्क एक महत्वपूर्ण विचार एवं विचारों का बाजार की भूमिका निभाता है। लोग अब अधिक संप्रदायक जानकारी, समाचार, विचार, टिप्स, अनुभव और रेटिंग आदि पर विचार करके विभिन्न विषयों पर निर्णय लेने में सक्षम होते हैं।

यहां डिजिटल दुनिया में निर्णय लेने के लिए कुछ महत्वपूर्ण तत्व हैं:

1. <u>डेटा संग्रह और विश्लेषण</u>: डिजिटल दुनिया में बड़ी मात्रा में डेटा उपलब्ध होता है और यह डेटा विश्लेषण द्वारा उपयोगी जानकारी में परिवर्तित किया जा सकता है। यह जानकारी डिजिटल उपयोगकर्ताओं को बेहतर निर्णय लेने में मदद करती है। उदाहरण के लिए, ई-कॉमर्स प्लेटफ़ॉर्म पर ग्राहकों की पिछली खरीदारी और पसंदों का डेटा उपयोग करके कंपनियों ने अपने उत्पादों और सेवाओं को अनुकूलित किया है।

2. <u>**सामाजिक माध्यम**</u>: सोशल मीडिया प्लेटफ़ॉर्मों द्वारा लोग अपने विचारों, अनुभवों और समीक्षाओं को साझा कर सकते हैं। यहां विचारों के माध्यम से लोग विभिन्न मुद्दों पर सार्वभौमिक चर्चा कर सकते हैं और इसके आधार पर निर्णय ले सकते हैं। उदाहरण के लिए, लोग सोशल मीडिया पर पब्लिक रिव्यू और रेटिंग का उपयोग करके अपने खरीदारी के फैसलों को प्रभावित करते हैं।

3. <u>**आपूर्ति और मांग का विश्लेषण**</u>: ई-कॉमर्स कंपनियां अपने उपयोगकर्ताओं की खरीदारी के पैटर्न का विश्लेषण करके उत्पादों की मांग को समझती हैं। वे डेटा विश्लेषण द्वारा अधिक बिक्री और मुनाफे के लिए संग्रह करती हैं और नए उत्पादों की प्रक्रिया शुरू करती हैं। उदाहरण के लिए, ई-कॉमर्स कंपनियां खरीदारों की पिछली खोज और खरीद की जानकारी का उपयोग करके उन्हें संबंधित उत्पादों के लिए सिफारिशें देती हैं।

4. <u>**मशीन शिक्षा और एल्गोरिदम**</u>: डिजिटल दुनिया में मशीन शिक्षा और एल्गोरिदम निर्णय लेने में मदद कर सकते हैं। ये तकनीकी प्रणालियाँ विभिन्न डेटा सेट्स का विश्लेषण करके निर्णय लेने में मदद करती हैं। उदाहरण के लिए, डिजिटल वित्त सेवाओं में, एल्गोरिदम ग्राहकों के खर्च के आधार पर निवेश के सुझाव दे सकते हैं।

इन सभी तत्वों के साथ, डिजिटल दुनिया में निर्णय लेने का एक उदाहरण शामिल है जब आप ई-कॉमर्स प्लेटफ़ॉर्म पर उत्पादों की समीक्षा पढ़कर उनकी गुणवत्ता, मूल्य और पहचान को मूल्यांकन करते हैं। आप अन्य उपयोगकर्ताओं के अनुभव और समीक्षाओं के माध्यम से उत्पाद के बारे में जानकारी प्राप्त करते हैं और उसके आधार पर आपका निर्णय लेते हैं कि कौन सा उत्पाद सबसे उपयुक्त होगा।

यदि आप एक बिज़नेसमैन हैं, तो आप डिजिटल दुनिया में व्यापार के लिए नवीनतम ट्रेंड्स, बाजार संदर्भ और उपयोगकर्ता ज्ञान का उपयोग करके निर्णय ले सकते हैं। उदाहरण के लिए, आप विभिन्न सोशल मीडिया प्लेटफ़ॉर्मों के माध्यम से अपने लक्ष्य ग्राहकों के व्यवहार, पसंद और रुचियों का अध्ययन कर सकते हैं और अपने उत्पाद और सेवाओं को उनके आवश्यकताओं के अनुसार समायोजित कर सकते हैं। इस प्रकार, डिजिटल दुनिया में निर्णय लेने में विभिन्न तकनीकी उपकरण और डेटा का उपयोग करके लोग अधिक सूक्ष्मता और व्यावसायिकता से निर्णय ले सकते हैं। यह न केवल उपयोगकर्ताओं को अधिक विकल्पों का लाभ देता है, बल्कि बिज़नेस और संगठनों को भी अपनी प्रक्रियाओं और निर्णयों को

सुधारने का अवसर प्रदान करता है।

*****

26

निर्णय लेने का डर

हमने कई बार देखा होगा बहुत लोग निर्णय लेने से बहुत डरते हैं | जब उन्हें निर्णय लेने के लिये कहा जाता हैं तो कइयों के तो पसीना छूटने लगते हैं या फिर घबराहट महसूस करने लगते हैं | तो डर की वजह से वह निर्णय लेने से बचते हैं | एक समस्या का समाधान के लिये निर्णय ना लेना उसके विभिन्न कारण हो सकते हैं | कुछ सामान्य कारण हैं:

1. <u>असफलता का डर</u> – लोगों को अक्सर यह डर रहता हैं कि कही उनका लिया गया निर्णय असफलता का कारण ना बन जाए और इससे उनकी प्रतिष्ठा और आत्म-सम्मान पर क्षति पहुंच सकती है।

2. <u>आत्मविश्वास की कमी</u> – व्यक्ति ज्ञान, अनुभव, या जानकारी की कमी के कारण निर्णय लेने में आत्मविश्वास से वंचित हो सकता है।

3. <u>गलत निर्णय लेने का डर</u> – गलत चुनाव करने का डर लोगों को अविकल्पित बना सकता है, जिसके कारण वह किसी भी निर्णय को नहीं लेते हैं।

4. <u>ज्यादा सोचना</u> – कुछ व्यक्ति एक स्थिति को अधिक सोचकर अधिक विश्लेषण करने की प्रवृति रखते हैं, जो निर्णय करने में अस्पष्टता का कारण बन सकता है।

5. <u>अज्ञात का डर</u> – अनिश्चित परिस्थितियों में, व्यक्ति निर्णय लेने से डर सकता है क्योंकि उसे निर्णय के परिणाम के बारे में ज्ञान की कमी होती है।

6. <u>पिछले अनुभव</u>– पिछले निर्णयों से नकारात्मक अनुभव लोगों को निर्णय लेने में संदेही बना सकता हैं।

7. <u>सहायता की कमी</u> – साथियों, अधीनस्थों या संगठन से सहायता या मार्गदर्शन की कमी के कारण निर्णय लेने में अनिश्चितता और भय हो सकता है।

एक संपूर्ण अनुमान है कि निर्णय लेने का डर व्यक्तियों में आम गुण है। हालांकि, इस डर के मूल कारण को समझना महत्वपूर्ण है और इसे पार करने के उपाय अपनाने चाहिए, जैसे आत्मविश्वास बनाना, ज्ञान और अनुभव प्राप्त करना, सहायता लेना, और स्वीकार करना कि विफलता सीखने और विकास का हिस्सा है।

निर्णय लेने की कला को सीखते हुए आप अपना आत्मविश्वास भी बढ़ा सकते हैं। सही निर्णय लेने से लोग एक बड़ा और महत्वपूर्ण नेता बन सकते हैं। यदि आपको निर्णय लेने के लिए विश्वास की कमी हैं, तो आप एक चिंता और आशंका की स्थिति में रह सकते हैं। इसलिए, आप अपनी इस कौशल को विकसित करे, नही तो आप अपने आत्मविश्वास और नेतृत्व गुणों दोनों को बहुत प्रभावित कर सकते हैं।

*****

27

निर्णय लेने का दृष्टिकोण

गलत फैसले लेना किसी को पसंद नहीं होता | हालाँकि यह एक महत्वपूर्ण सत्य है, लेकिन यह ध्यान रखना भी उतना ही मूल्यवान है कि समय ही सबसे महत्वपूर्ण है। हम सही निर्णय लेने के लिए समय बर्बाद नहीं कर सकते। हमें यह तय करना होगा कि किफायती नुकसान कैसा दिखता है और आगे बढ़ना होगा। इस निर्णय लेने के दृष्टिकोण में मुख्य बिंदु हैं:

- <u>निर्णय लेने की गति</u>: समय का सबसे अधिक महत्व है। आप किसी निर्णय पर पहुंचने के लिए अधिक समय नहीं ले सकते।

- <u>पूर्णता को अतिरंजित किया जाता है</u>: एक सही निर्णय की तुलना में समय पर लिया गया निर्णय अधिक महत्वपूर्ण होता है। जाहिर तौर पर हम गलतियाँ नहीं करना चाहते लेकिन साथ ही, ये फैसले निरर्थक भी नहीं हो सकते। उन्हें समयबद्धता तत्व की सेवा करनी होगी।

- <u>निर्णयों से सीखना</u>: अकेले निर्णय उतना महत्वपूर्ण नहीं है जितना कि हमारा दृष्टिकोण और सीखने की क्षमता। अच्छे निर्णय लेने का कौशल अनुभव से आता है जो आमतौर पर बुरे निर्णयों से आता है। यह मुझे टेरी प्रचेत के एक खूबसूरत बात की याद दिलाता है–

> *"बुद्धि अनुभव से आती है, अनुभव अक्सर बुद्धि की कमी का परिणाम होता है।"*

उन गलतियों से सीखिए और समय को महत्वपूर्ण संसाधन मानते हुए और आगे बढ़ने का निर्णय ले |

*****

28

तेज और धीमा दोनों तरह के निर्णय ले

ऑन ऐप बिजनेस लीडर्स के लिए तेज, धीमी गति से सोचना और निर्णय लेना अनिवार्य है आईस्टॉक सिनोप्सिस लीडरशिप के लिए प्रभावी निर्णय लेने के लिए सिस्टम 1 और सिस्टम 2 दोनों की सोच की आवश्यकता होती है। रणनीति निर्धारित करने में शास्त्रीय सिस्टम 2 सोच का उपयोग करना शामिल है, लेकिन इसे तत्काल रुझानों और बदलावों का आकलन करने की क्षमता के साथ भी जोड़ा जाना चाहिए। नेताओं को सभी टीमों के बीच लक्ष्यों को संरेखित करना चाहिए और पारदर्शिता और प्रगति ट्रैकिंग को बढ़ावा देने के लिए प्राप्त करने योग्य, मापने योग्य और वास्तविक योजनाएँ निर्धारित करनी चाहिए। नेताओं को तेजी से कार्य करना चाहिए और निष्क्रियता और अनम्यता से बचते हुए सहानुभूति प्रदर्शित करते हुए अप्रत्याशित और बदलती परिस्थितियों में प्रभावी ढंग से संवाद करना चाहिए। सही विकल्प चुनने और एक प्रभावी नेता बनने के लिए निर्णायक निर्णय लेना आवश्यक है| "तेजी से और धीमी गति से सोचना, नोबेल पुरस्कार विजेता और लेखक डेनियल कन्नमैन ने निर्णय लेने के प्रतिमान के हिस्से के रूप में सिस्टम 1 और सिस्टम 2 सोच (जो मूल रूप से दो मनोवैज्ञानिकों द्वारा प्रस्तावित की गई थी) के बारे में बात की। सिस्टम 1 सोच तत्काल कार्यों और निर्णयों को संबोधित करने में मदद करती है जो लगभग स्वचालित रूप से और तुरंत होते हैं। सिस्टम 2 सोच अधिक विचारशील और दीर्घकालिक कार्यों और निर्णयों पर केंद्रित है। एक नेता के रूप में निर्णय लेने के लिए दोनों प्रकार की सोच की आवश्यकता होती है। वास्तव में, निर्णय लेना किसी नेता की भूमिका के लिए

प्रमुख आवश्यकताओं में से एक है। लेकिन वास्तव में, यह करना सबसे कठिन कामों में से एक है और आज नेताओं के सामने मौजूद विकल्पों के साथ यह और भी कठिन होता जा रहा है। विज्ञापन किसी भी समय, नेताओं को अपना ध्यान इस बात पर केंद्रित रखने के लिए कई गतिशील टुकड़ों को जोड़ना पड़ता है कि वास्तव में लघु अवधि और लंबी अवधि में व्यवसायों पर क्या प्रभाव पड़ सकता है। और जबकि मेज पर सभी डेटा कार्ड होने से निर्णय लेने में अच्छी तरह से मदद मिल सकती है, कई मामलों में, स्थितियां विकसित होती रहती हैं और नेताओं को अभी भी अपूर्ण जानकारी के साथ निर्णय लेना पड़ता है। आइए तीन स्पष्ट क्षेत्रों पर नजर डालें जो आज नेताओं के लिए निर्णय लेने के मामले में सबसे महत्वपूर्ण हैं और अंतर्निहित सोच जो निर्णय लेने में मदद कर सकती है:

<u>रणनीति निर्धारित करना</u>: पहले कई संगठनों के लिए, रणनीति योजना एक अच्छी तरह से सोची-समझी प्रक्रिया थी। महीनों की योजना, बाजार की स्थितियों का विश्लेषण, प्रतिस्पर्धा का आकलन और आंतरिक शक्तियों, कमजोरियों के साथ अवसरों और खतरों की समझ। यह एक क्लासिक सिस्टम 2 थिंकिंग एप्लिकेशन है। आज के दिन और युग में, जबकि दीर्घकालिक रणनीतिक सोच अभी भी महत्वपूर्ण है, इसे महत्वपूर्ण तात्कालिक रुझानों और बदलावों का आकलन करने और कंपनी के लिए जो जरूरी है उसे प्राथमिकता देने के साथ जोड़ा जाना चाहिए। इन गतिशील संकेतों को पढ़ना अक्सर भ्रमित करने वाला होता है और सिस्टम 1 सोच विश्लेषण-पक्षाघात को कम करने में मदद कर सकती है जिसके परिणामस्वरूप यहां परिणाम हो सकता है। उदाहरण के लिए, आज, कई नेता जेनरेटिव एआई और उनके व्यवसाय पर पड़ने वाले निवेश और प्रभाव को देखने की आवश्यकता से जूझ रहे हैं। हो सकता है कि 3 साल की रणनीति पहले से ही निर्धारित हो, लेकिन अब इसे इस तरह के बदलावों को प्रतिबिंबित करना होगा।

<u>लक्ष्य निर्धारित करना</u>: सही रणनीतिक विकल्प बनाना निश्चित रूप से कठिन है। लेकिन उस निर्णय का कठिन हिस्सा लक्ष्य निर्धारित करना और विभिन्न कार्यों और टीमों में संरेखित करना है। ओकेआर (उद्देश्य और मुख्य परिणाम) जैसी विधियां हैं जो कंपनी स्तर पर शीर्षतम लक्ष्यों को प्रत्येक कार्यात्मक/टीम स्तर पर स्मार्ट लक्ष्यों में बदलने में मदद करने के लिए हैं। यह लक्ष्यों की बेहतर पारदर्शिता और कनेक्टिविटी को सक्षम बनाता है। लीन एनालिटिक्स जैसी किताबें विकास और क्षेत्र के चरण के आधार पर "उस एक मीट्रिक जो मायने रखती है" उस की पहचान करने के बारे में भी बात करती हैं। किसी भी तरह से, रणनीति को एक परिचालन योजना और प्राप्त करने योग्य

लक्ष्यों के एक सेट में तोड़ना, जिसे आवश्यकतानुसार निर्धारित, संप्रेषित, मापा और पुन: व्यवस्थित किया जा सकता है, सिस्टम 2 सोच में एक अभ्यास है। कुछ सबसे बड़ी कंपनियों के नेता प्रमुख प्रगति पर नज़र रखने और अवरोधकों की पहचान करने के लिए त्रैमासिक व्यावसायिक समीक्षाओं के साथ इस अनुशासन की शपथ लेते हैं।

तत्काल कार्रवाई करने की आवश्यकता: जैसा कि वे कहते हैं, सबसे अच्छी योजनाएँ अक्सर बदलने के लिए अति संवेदनशील होती हैं। सर्वोत्तम रणनीतिक विकल्प चुनने और सर्वोत्तम लक्ष्य निर्धारण अभ्यास की योजना बनाने के बावजूद, कोई भी अप्रत्याशित स्थितियों से आश्चर्यचकित हो सकता है। ये आंतरिक स्थितियों से उत्पन्न हो सकते हैं जैसे कि कंपनी से महत्वपूर्ण कर्मचारियों का बाहर जाना या बाजार में बदलाव/ग्राहक के व्यवहार में बदलाव जैसी बाहरी स्थिति। इन स्थितियों में नेता की भूमिका सबसे महत्वपूर्ण होती है। निष्क्रियता घातक हो सकती है, तो अनम्यता हो सकती है| साथ ही, टीमें ऐसा महसूस नहीं कर सकतीं कि उन्हें हमेशा बदलते गोल पोस्ट का सामना करना पड़ रहा है। एक क्लासिक सिस्टम 1 सोच की स्थिति में, नेताओं को तेजी से कार्य करना होगा और इन मुश्किल परिस्थितियों में स्पष्ट रूप से और सहानुभूति के साथ संवाद करना होगा।

"प्रबंधन सही काम कर रहा है; नेतृत्व सही काम कर रहा है।" – पीटर एफ. ड्रकरके हवाले से कहा गया था। निर्णायक निर्णय लेना उन सही विकल्पों को चुनने की आधारशिला है।
******"*

29

भावनात्मक बनाम तर्क निर्णय

आप ने शायद यह बात सुनी होंगी " क्रोध, उत्तेजना या फिर दूसरों की बातों में आकर लिए निर्णय अक्सर गलत होते हैं, ऐसी परिस्थितियों में कोई भी निर्णय ना लें |" हम बहुत सारे लोग अपने जीवन को बहुत आसानी से लेते हैं या भविष्य में भविष्य को भविष्य की तरह नहीं देखते हैं । वे काफी ध्यान से नहीं सोचते। वह थोड़ा जो करते हैं वह अक्सर पर्याप्त नहीं होता, लेकिन उन्हें इसका अंदाजा नहीं होता।

उन्हें पहले से योजना बनाने या अपनी योजनाओं को सुरक्षित बनाने की क्षमता नहीं होती। उनके पास बैकअप योजना धारक भी बहुत कम होते हैं। वे अपने निर्णय पर आत्मविश्वासी होते हैं और पूरी तरह से यकीन होता है कि वे सही कर रहे हैं। कोई भी या कुछ भी जो उन्हें इसके विपरीत कहता है, वह उनका दुश्मन बन जाता है।

वे प्रसिद्ध रूप से दृष्टिहीन होते हैं और इसलिए भविष्य में विभिन्न स्थितियों में उनके निर्णय का अनुमान लगाने में कठिनाई होती है। उनका कमजोर फोकस दृष्टिकोण होता है। वास्तव में, वे वर्तमान पर अधिक ध्यान केंद्रित करते हैं और भविष्य को नहीं देख सकते, चिंतन नहीं कर सकते | वे तेवर से, नैसर्गिक रूप से सोचते हैं और तर्क को नहीं समझते।

वे अपने लाभ और हानि से संतुष्ट हो कर किये हुए वचन / झूठ जालों में आसानी से फंस जाते हैं। वे अक्सर अच्छी या बुरी सलाह के बीच भेद नहीं कर पाते हैं | वे अपने दिल से सोचते हैं और भावनात्मक रूप से या क्रोध में निर्णय लेते हैं। वे

यह प्रदर्शित करते हैं कि उन्हें छोड़ने, आगे बढ़ने और बह गया दूध से कैसे निपटें।

इस सबके साथ, वे जीवन बदलने वाले खराब निर्णय लेते हैं, और कभी-कभी एक खराब निर्णय से शुरुआत में होने वाले कई अन्य खराब निर्णयों की एक श्रृंगार तंत्र तक चलते हैं। ऊपर उल्लिखित व्यवहार के कारण कुछ आम उदाहरण खराब निर्णयों के और बेहतर जीवन के चयनों के लिए हो सकते हैं:

1. स्कूल / कॉलेज को छोड़ देना क्योंकि वे तत्काल पैसे कमा सकते हैं। वे सोचते हैं कि यह बुद्धिमानी है। बाद में उन्हें अपने शिक्षा को पूरा करने के लिए वापस नहीं जा सकता है और करियर और योग्यता के बिना वह अटक जाते हैं।

2. गलत विषय / पाठ्यक्रम / करियर / जीवनसाथी / नौकरी प्रस्ताव / संपत्ति या धन प्रबंधन का चयन करना।

3. अनवंचित रिश्तों और मातृत्व के प्रारंभ के कारण अंधेरे से इंपल्सिविटी और भावनात्मक सोच।

4. मादक पदार्थों, शराब, छोटे काम, अपराध, अवैध गतिविधियों, परीक्षाओं / रिश्तों में झूठ बोलने, धोखा देने जैसे रिस्की व्यवहार।

5. बहुत सारे लोग विश्वास करते हैं कि वे एक बेहद सफल / तारूणी / रॉकस्टार / व्यापार उद्यमी / अरबपति बन सकते हैं और इसलिए वे अपने अध्ययन को त्याग देते हैं। वे अपने दिल का अनुसरण करते हैं लेकिन नहीं जानते कि उनका दिल कहां है।

6. मेहनत और स्थिर प्रयासों को नजर अंदाज करना। व्यक्तिगत विकास में निवेश न करना।

7. प्रशिक्षण, योग्यता, अनुशासन और अनुभव के महत्व को कम करना।

8. सोशल मीडिया, पार्टियों, बिना रुके मनोरंजन और स्वाभिमान के लिए अपना समय व्यर्थ करना। वे अक्सर खुद को धोखा देते हैं, चाहे जो भी हो।

9. आकर्षक जीवनसाथी का चयन करना, भले ही वह अच्छा व्यक्ति या जीवनसाथी ना लगता हो।

10. मूल्यवान समय, पैसे और ऊर्जा को अव्यावधानिक गतिविधियों, लक्ष्यों और वस्तुओं में खर्च करना।

11. कुछ लोग अच्छे निर्णय लेते हैं और फिर उसे उत्कृष्ट बना सकते हैं रणनीति, चतुरता और मेहनत के कारण। कुछ लोग बेहतर निर्णय लेते हैं फिर भी उसे पूरी तरह से खराब कर देते हैं। क्योंकि उच्च IQ वाले लोग स्वतः ही ज्यादा सोचते, विश्लेषण करते, समीक्षात्मक रूप से मूल्यांकन करते हैं और तर्क और तर्क का अनुप्रयोग करते हैं, इसलिए वे कम IQ वाले लोगों से बेहतर निर्णय और बेहतर

जीवन के चयन करते हैं, जो भावित नहीं होते हैं।

याद रखने की बात है कि भविष्यवाणी करने से पहले देखने से विश्वास करने वाले भी गलती करते हैं और उल्टा। यह इस बात पर जोर दे रहा हैं कि निर्णय लेने के दोनों तरीके गलतियों या गलत परिणामों की ओर ले जा सकते हैं।

*****

30

इस तरह निर्णय ले

दोस्तों, हर निर्णय के कोई ना कोई परिणाम होते हैं चाहे आप निर्णय ले या ना ले | क्योंकि जब आप कोई निर्णय नहीं लेते हैं, तब भी आप कुछ ना कुछ निर्णय लेते ही है| उस हिसाब से आपको उसमें आपको उसके के परिणाम मिलते हैं कुछ परिणाम हमें तुरंत दिख सकते हैं और कुछ के परिणाम हमें तुरंत ना दिखे | आपको यह सब परिणाम का हिसाब लिख कर लगाना चाहिए | जैसे की आप ने कौन सी कार लेनी हैं, किस कंपनी या फिर ब्रांड की लेनी हैं, कौन से रंग की लेनी हैं, कितनी माइलेज वाली कार लेनी चाहिए | यह सब हमें अपनी डायरी पर लिख कर निर्णय ले या फिर किस की मदद भी ले सकते हैं जिनको कार के बारे में बेहतरीन ज्ञान हो, उनसे बातचीत कर के ले | जो आपको पसंद हैं, पर आपके बजट से बाहर हैं वह भी लिखें | हर किसी के लाभ और हानि भी लिखें | इस निर्णय में आप दृश्य और अदृश्य सब लाभ और हानि लिखें और देखे की क्या उसके क्या प्रभाव पढ़ सकते हैं अच्छे और बुरे | जब हम लिख लेते हैं तो देखे की कौन से लाभ और हानि प्रभावित कर रहे हैं और यह भी देखें कि क्या ज्यादा मिल रहा है, फायदे या नुकसान | जब पता चल जाता हैं कि किस पर आपको फायदा मिल रहा है और किस पर नुकसान तो उस पर बिना समय व्यर्थ किये उस पर काम शुरू कर दें | किसी पर निर्णय लेने के लिए निर्भर ना रहे और जिम्मेदार और आत्मनिर्भर बनकर निर्णय लें | अब जब आप निर्णय ले लिया है तो उसकी कीमत चुकाने के लिए तैयार हो जाएं और जो निर्णय लिया है वह ही बेहतरीन हैं | उसके अच्छे बुरे नतीजे के लिए तैयार रहें | उम्मीद करते हैं कि जों आपने निर्णय लिया है उसको सही साबित कर पाए | अगर नहीं सफल होते हैं तो दोबारा से कोशिश करें और उसे सही साबित करने के लिए पूरी जान लगा दे |

रतन टाटा जी भी कहते हैं कि

"मैं सही निर्णय लेने में विश्वास नहीं करता, मैं निर्णय लेता हूँ और उसे सही बनाता हूँ।"

और निर्णय लेने में 24 घंटे से ज्यादा समय ना लगाएं जो मर्जी आपका निर्णय हो | महीने-महीने एक निर्णय पर ना लगाएं | दिमाग से तुरंत निर्णय लें अगर उसे चालू करने में समय लग रहा है तो उसके लिए कुछ व्यवस्था, पैसा या कोई संसाधन में समय लग रहा है | कोई बात नहीं पर दिमाग में कोई निर्णय अधूरा ना छोड़े, क्योंकि अधूरे निर्णय आपकी शक्ति को चूस लेते हैं |

*****

31

हमारे परिणाम निर्णय की प्रतिक्रिया हैं

हम हर रोज निर्णय लेते हैं चाहें हम विद्यार्थी हैं, माता-पिता, कर्मचारी, बॉस या फिर लीडर हैं | हम सब छोटे-बड़े निर्णय लेते हैं | आप कोई भी चुनाव करते हैं तो आप निर्णय लेते हैं | आप क्या करते है वह आप के चुनाव पर निर्भर करता है | आप जैसा चुनाव करते हैं आपकी जिंदगी वैसे ही बन जाती है | आप उस चुनाव में अच्छा करते हैं या फिर बुरा करते हैं उस हिसाब से अपनी जिंदगी में प्रतिक्रिया पाते हैं |

उदाहरण के लिए आपको कोई गाली निकालता है तो उसका जवाब आप गाली से देते हैं यह आप का चुनाव हो सकता है या फिर, दूसरा चुनाव यह भी हो सकता है कि आप उसका जवाब में कुछ ना कहें और शांति से वहां से निकल जाए | आप जैसा चुनाव करेंगे वैसा ही जीवन परिणाम मिलते हैं | आमतौर पर लोग किसी के गाली निकालने पर भड़क जाते हैं और गुस्से से आग बबूला होकर उसका जवाब पत्थर से देते हैं मतलब वह और ज्यादा गाली निकालते हैं | जिससे दोनों पक्षों में तनाव बढ़ जाता है | दूसरे में, बहुत कम लोग होते हैं जो गाली का जवाब शांत रह कर देते हैं | हम उन्हें कुछ कहते नहीं क्योंकि वह उस गाली को लेते ही नहीं | अगर आप लेते ही नहीं तो उसके लिए प्रतिक्रिया भी नहीं करते हैं तो वहा शांति बनी रहती है | आप हर वक्त निर्णय ले रहे हैं, जब आप निर्णय नहीं ले रहे हैं तब भी आप निर्णय ले रहे हैं | आपने जब मेरी किताब को देखा, उठाया और खोलकर पढ़ा और मेरी किताब को ध्यान से देखा और परखा | तब आप ने इसे खरीदने का निर्णय लिया और किसी ने ना खरीदने का निर्णय लिया | पर आप ने इसे खरीदने

और पढ़ने का निर्णय लिया तब ही आप मेरी किताब को पढ़ पा रहे हैं और सीख पा रहे हैं | अगर आप सुबह जल्दी उठने का निर्णय लेते हैं तो ही आप जल्दी उठ पाते हैं | ज़ब आप नहीं लेते तों आप देर तक सोते ही रहते है |

तो आपको यह समझ आ गया होगा हर व्यक्ति इस दुनिया में निर्णय लेता है कुछ अपनी जिंदगी को बेहतर बनाने के लिए लेते हैं और कुछ इसके विपरीत दिशा जाने के लिए लेते हैं क्योंकि उन्होंने वह ही निर्णय लिया हैं | जैसा आपका निर्णय होगा वैसा ही उसका परिणाम होगा, उस हिसाब से नतीजे का आप को भुगतान करना पड़ेगा | तो सोच समझकर अपने अनुभवों का इस्तेमाल करके निर्णय ले |

*****

32

निर्णय हमें दिशा देते हैं

आपके निर्णय गाड़ी के स्टीयरिंग का काम करते हैं | आप जैसे निर्णय लेते हैं वैसे ही उस दिशा में अपनी जिंदगी की गाड़ी ले जा सकते हैं | इसके रास्ते में बहुत चीजें हमें प्रभावित करती हैं | जो उस दिशा में आगे बढ़ने में मदद करती हैं और अवरोध भी पैदा करती हैं | इसमें आपके विचार अहम रोल निभाते हैं | आपके विचार आपको बहुत प्रभावित करते हैं | जिसमे कई विचार आपको कंफ्यूज करते हैं जिसके कारण आप ने जों निर्णय लिया था उसे भटक जाते हैं | अपने विचारों पर नियंत्रण निरंतर अभ्यास से लाया जा सकता है | अगर हम रोज हर दिन विचारों पर अभ्यास करें | आप को अपने विचारों में क्लारिटी लानी होंगी, नहीं यह कंफ्यूजन बाधा पैदा करते हैं | जिसकी वज़ह से आप सही निर्णय नहीं ले पाते | जब एक समय में अलग-अलग विचार लाते हैं तों हम कंफ्यूज होते हैं | जिसके वज़ह से हम कोई काम सही नहीं कर पाते | पर एक समय में एक काम पर फोकस करें तो हमें पूरा पता होगा कि क्या हमने करना है? कैसे और कितने समय में करना है? इसके परिणाम भी बेहतरीन होते हैं | अपने विचारों पर नियंत्रण लाकर इसे कंट्रोल किया जा सकता है |

अपने विचारों पर नियंत्रण के लिए वह चीजें उपलब्ध है उनमें बेहतरीन ध्यान है और इसमें अपने विचारों की रफ़्तार को कम कर सकते हैं जैसे कि आपके विचार नदी के पानी की तरह शांत होने लगेंगे और आपको वही विचार आएंगे जो आप लाना चाहते हैं | अपनी विचारों कि गाड़ी उस दिशा में ले जा पाएंगे, जिस दिशा में आप जाना चाहते हैं | जिससे हम वह चीज़ पा सकेंगे जो पाना चाहते हैं वह भी सही समय पर |

*****

33

अनुशासन में रहने का निर्णय

निर्णय और अनुशासन दो वाहन के चक्के हैं अगर एक चला तो दूसरा भी उसके साथ ही रहेगा | अगर आपने एक पहिया के साथ चलने का कोशिश की है तो आप ज्यादा आगे तक नहीं जा पाएंगे | इसलिए निर्णय के साथ अनुशासन भी जरूरी है | तो आज से निर्णय लें लेकिन अनुशासन के साथ | जो भी निर्णय लेंगे अनुशासन के नियम को ध्यान में रखकर लेंगे | जैसे कि जो खिलाड़ी अनुशासन में नहीं रह सकता | वह कभी ओलंपिक में नहीं जीत सकता | आज जो एक्टर सुपरस्टार है वह बस अपने निर्णय के साथ अनुशासन में रहा है | इसलिए वह आज सुपरस्टार है | सुबह जल्दी उठना, पढ़ाई करना, अपने वर्कशॉप की प्रैक्टिस करना, बड़ा सोचना, टाइम को मैनेज करना, गोल बनाना यह सब अनुशासन है | आज आपको सबसे बड़ा निर्णय लेना है अनुशासन में जीवन जीना का निर्णय | जो काम अपने सफलता के लिए शुरू कर दिया वह तब तक करते जाना है जब तक उस काम में आप सफल नहीं हो जाते | अपने समय को इस तरह सेट करो कि सुबह उठने से लेकर रात के सोने तक एक-एक मिनट अनुशासन से भरा होना चाहिए | यह अनुशासन आपको आम आदमी से सुपरस्टार बना देगा | मुझ पर विश्वास करके देखें निर्णय तो सारी दुनिया लेती रहती है, पर निर्णय के साथ आप अनुशासन में नहीं रहते तो वह आदमी ज्यादा आगे नहीं बढ़ सकता हैं |

*****

34

अपने निर्णय को अधूरा ना छोड़े

आप जानते हैं हर इंसान में एक सीमित ऊर्जा होती हैं | यह सीमित ऊर्जा हम काम में खर्च कर दे या फिर बेकार के कामों में भी व्यर्थ कर देते हैं | हम जाने या फिर अनजाने में अपनी ऊर्जा बेकारों के कामों में, व्यर्थ कि बातों का निर्णय में गवा देते हैं | जब बारी किसी महत्वपूर्ण लेने के लिए आती है तो हम कंफ्यूज हो जाते हैं | जिस कारण हम अपनी हर महत्वपूर्ण निर्णय को अधूरा ही छोड़ देते हैं| यह अधूरा निर्णय हमारे दिमाग में इसके बारे में सोचता रहता है | चाहें सचेत मन से ना सोच रहे हो | पर, हमारे अचेत मन में इस निर्णय के बारे में निर्णय या चुनाव की प्रक्रिया चलती रहती है | जिससे हम जो काम कर रहे होते हैं, वह काम भी सही से नहीं कर पाते | उदाहरण के लिए हमारे एंड्राइड मोबाइल में बहुत सारे एप्लीकेशन होते हैं और एक-एक करके हमको उसे खोलते जाते हैं कभी हम एक एप्लीकेशन चलाते हैं फिर कुछ देर बात हम दूसरा चलाना शुरू कर देते हैं | वह हमने बंद नहीं किया होता है, उनकी बैकग्राउंड में प्रोसेसिंग चल रही होती है जिसके कारण मोबाइल की बैटरी की पावर को खींचता रहता है |

तो अगर नहीं चाहते कि हमारी ऊर्जा व्यर्थ के निर्णय लेने में जाए | तो जो बात आपके महत्वपूर्ण है तो उसका निर्णय तेजी से लेकर उस बात को उसी वक्त खत्म करें | बेकार में अधूरे निर्णय ना छोड़े | जैसे कि आपने देखा होगा कि आज जीतने भी सफल आदमी है वह कम से कम निर्णय लेते हैं और वह बेकार के कामों में अपना निर्णय लेने में ऊर्जा नहीं गवाते हैं | जैसे कौन सी ड्रेस पहनू, कौन सा खाना खाऊ, कौन सी गाड़ी लेकर जाऊंगा? कौन से जूते पहनू यह हमेशा आम लोग ही

",

इसके बारे में निर्णय लेते रहते हैं | अगर में सफल लोगों की बात करूं तो मार्क ज़ुकेरबर्ग आपको एक या दो रंग की टीशर्ट और जीन्स में ही मिलेंगे | उन्हें पता है कि निर्णय लेने में बहुत समय और ऊर्जा लगती है | पर आम आदमी अपनी जिंदगी का बहुत समय और ऊर्जा ऐसे निर्णय में गवा देते हैं और उन्हें पता नहीं चलता है | अपने दिमाग में बेकार की जगह ऐसे फालतू निर्णय लेने में घेरता रहता है | तो जितना हो सके अपने आप को सादा रखिए और अपनी ऊर्जा बचाये | ऐसे छोटे-मोटे निर्णय में अपने आप को व्यस्त रखकर आप अपने आप को अनजाने में आम आदमी बनने को मजबूर ना करें | यह सब आप अनजाने में ही करते हैं क्योंकि जानबूझकर प्रोडक्टिव निर्णय या बड़े निर्णय लेने पड़ते हैं |

*****

35
शांत मन से निर्णय ले

दोस्तों, कई बार ऐसा भी होता हैं कि हमारे पास इतनी इनपुट दिमाग़ आ जाते हैं जिस के कारण हम उलझन में पड़ जाते हैं या फिर किसी कारण से आप चिंता में, क्रोध में, दबाव में या किसी जज़्बात के बहाव में बह कर आप कोई ऐसा निर्णय का चुनाव कर लेते हैं जो आप को उस वक्त शायद सही लग रहा हो | पर उसके नतीजा बहुत बुरा हो | उस निर्णय के लिये आपको बाद में अफ़सोस हो | यह आप को एक कहानी के माध्यम से समझाना चाहूँगा |

एक बार कि बात हैं एक गाँव में लोमड़ी आ गईं | वह लोगों के घर में घुस कर रात में उनकी मुर्गियों और पशुओं को मार कर खा जाया करती थी | जिस कारण वहाँ के लोगों को हर दिन नुकसान हो जाया करता था | लोग परेशान भी थे और डरे भी हुए | लोग कुछ समझ नहीं पा रहे थे कि कैसे इस समस्या का हल किया जाए? कैसे हम अपने मुर्गियों और पशुओं को बचाये | उसमें दो किसान ने बड़ी हिम्मत कर के एक रात को उस लोमड़ी को पकड़ लिया | अब वह सोचने लगे कि इस लोमड़ी का अब क्या किया जाए? कैसे इसे सबक सिखाया जाए तो एक किसान ने गुस्से में आ कर उसकी पूंछ में आग लगा दी | दूसरा किसान इस किसान के निर्णय से दंग रह गया | अब लोमड़ी अपनी जान बचाने के लिये | खेतों में इधर-उधर भागने लगी जिस के कारण लोमड़ी ने पक्की पकाई फसलों में आग लगा दी | जिससे कई किसानों के खेतों में आग फैल गई | बड़ी मेहनत करने के बाद उस आग पर काबू पाया गया | पर उस किसान के क्रोध में निर्णय लेने से कई लोगों का नुकसान हो चुका था | उस किसान को क्रोध में निर्णय की कीमत भारी नुकसान का भुगतान देकर चुकानी पड़ी | अगर उस किसान ने अपने क्रोध पर काबू रखकर कोई निर्णय लिया होता, तो उसे यह नुकसान का सामना ना करना पड़ता |

हमारे मन में कितने ही विचार उठते रहते हैं | पर यह जरूरी नहीं कि हर विचार पर हम अमल करें | साथ में उस वक्त हम किसी जज़्बातों के बहाव में हैं तो उस बहाव में बह कर कोई निर्णय पर प्रतिक्रिया ना करें | क्योंकि उसका एहसास हमें बहुत समय बाद होता हैं तब तक शायद बहुत देर हो चुकी हो | तो कभी भी अशांत मन से निर्णय ना ले | ज़ब निर्णय ले मन शांत रखे जैसे बहती पानी में मिट्टी कण धीरे सब नीचे बैठ जाते हैं | अगर पानी में तेज बहाव रहेगा उस पानी में शुद्धता और स्वच्छता नहीं आयेगी | हमारे मन में भी विचार एक बहती नदी की तरह है जब तक विचारों में स्थिरता और सरलता नहीं आएगी तब तक हम उचित निर्णय नहीं ले सकते |

*****

36

खुद ही निर्णय लें

ऐसा कई बार देखा गया है कि बच्चे 18 साल की उम्र होने के बावजूद भी वह अपने जिंदगी के निर्णय नहीं ले पाते हैं | जब उन्हें कुछ निर्णय लेने को कहा जाता है तो घबरा जाते हैं और रोने या बिखलाने लगते हैं | उन्हें डर लगने लगता है कि अगर मैंने गलत निर्णय ले लिया तो उसके परिणाम से ही घबराने लगते हैं | साथ में उसके परिणाम से होने वाले दर्द को याद में रखते हुए उस निर्णय को लेते ही नहीं हैं | जवाब में कहते हैं कि हम मम्मी से पूछ कर बताएंगे या फिर पापा जी से पूछ कर बताएंगे | तो इसमें माता पिता जी की भी गलती है की उन्होंने अपने बच्चे को निर्णय लेने के बारे में सिखाया ही नहीं | अगर उनके माता-पिता ने बचपन में छोटे-छोटे निर्णय लेने और उनके परिणाम से सीखने के बारे में बताया होता | तो आज उनके बच्चे किसी भी विषय पर खुद निर्णय लेने से ना घबराते | यह जरूरी नहीं है कि माता-पिता हमेशा ही आपके साथ ही रहेंगे | पर उनके द्वारा सिखाई गई बात और शिक्षा हमेशा आपके साथ रहेगी | जिंदगी में ऐसे मोड़ और पल भी आते हैं जब आपको सही और गलत का निर्णय खुद ही लेना पड़ता है | कई बार तो बहुत ही कम समय में निर्णय लेना होता है |

उदाहरण के लिए बच्चे की लाइफ में ऐसे मोड़ आते हैं जब उन्हें निर्णय लेने होते हैं | सबसे बड़ा निर्णय तब लेना होता है जब उन्हें मैट्रिक के बाद करियर का चुनाव करना होता है | इधर मां-बाप भी बोलते हैं डॉक्टर बनो, इंजीनियर बनो, आईएएस, पीसीएस, आईपीएस जैसे कंपटीशन में लगा देते हैं और इसमें बच्चे का मन है कि नहीं यह कोई नहीं पूछता है | बस धकेल देते है उस दौड़ में | यह दौड़ शायद कभी ना खत्म होने वाली है जैसे कि प्रयागराज के दो दोस्त जो पढ़ने में दोनो काफ़ी अच्छे थे | एक हर बार की तरह खुद ही निर्णय लेने वाला और दूसरा

मां-बाप के आदेशों का पालन करने वाला | दोनों अपने-अपने लेवल पर सही है पर जैसे-जैसे दोनों 12वीं में अच्छे अंक से पास कर लेते हैं | पर उसके बाद उनके पास मौका है कि वह सोचे की वह क्या करेंगे जिंदगी में? निर्णय लेना कई बार तो लोगों को राई का पहाड़ लगता है | पर यह इतना भी मुश्किल नहीं होता | आप अपने दिमाग से ज्यादा अंतरात्मा का प्रयोग करते हैं तो वह हर क्षेत्र में महारथ हासिल कर सकते हैं | आपने देखा भी होगा महेंद्र सिंह धोनी का दिल क्रिकेट खेलने पर था और उनके माता-पिता चाहते थे कि वह सरकारी नौकरी करें | जैसे तैसे वह टीटी की नौकरी मिल तो गई पर उनका मन क्रिकेट में था | उनको अपनी नौकरी छोड कर क्रिकेट को खेलना ही उचित लगा | क्यों की उनकी अंतरात्मा क्रिकेट के लिये कह रही थी | आज उनका नाम क्रिकेट की वजह से ही हुआ हैं | वैसे ही रोहन ने अपने दिल की सुनते हुए कंपटीशन के दौर का हिस्सा ना बनते हुए | उसने अपने स्किल और दिल की सुनी और वह संगीत की दुनिया में नाम कमाने चला गया | दूसरा जो आज्ञाकारी था वह रह गया कंपटीशन का हिस्सा | उसने कंपटीशन में अच्छे अंक लेकर IIT दिल्ली जैसे संस्थान में पढ़ने लग गया | पर जिंदगी में वह ना कर सका जो उसका दिल चाहता था | पता हैं क्या उसका दिल चाहता था? वह चाहता था कि वह फुटबॉल खिलाड़ी बने | कुछ सालों बाद नौकरी करने पर अपनी लाइफ में इतना नाम और पैसा ना कमा सका | जितना उसका दोस्त रोहन ने कमा लिया था | यह बस हुआ एक खुद का निर्णय लेने से |

"जिंदगी में खुद का निर्णय ले | अच्छे निर्णय हुए तो आपको फायदा होगा, नहीं तो बुरे निर्णय से सीखने को ही मिलेगा |"

*****

37

अपनी क्षमता और असलियत के हिसाब से निर्णय लें

हमारी जिंदगी क्षमता तो बहुत होती है पर वास्तविकता में कुछ नहीं है | पैदा हुआ बच्चा उसकी क्षमता है कि वह डॉक्टर बन जाए, इंजीनियर बन जाए, साइंटिस्ट बन जाए, लीडर या आईएएस बन जाए | पर अगर दसवीं के बाद जब कोई यह निर्णय लेता हैं कि वह व्यक्ति हमानिटीज का चुनाव कर लेता हैं तो अब वह डॉक्टर, इंजीनियर, साइंटिस्ट नहीं बन सकता | वह हिस्ट्रीयन, पॉलिटिक्स या सोसियलॉजिस्ट बन सकता है | जैसे-जैसे आप जीवन में आगे बढ़ते जाते हैं आपकी क्षमता कम होती जाती है | आप की वास्तविकता बढ़ती जाती है और एक दिन उसमें आप महान बन जाते हैं | अगर आप ऐसे चौराहे पर खड़े हैं जहां आपको फैसला लेना पड़ रहा है | तो फैसला इसलिए ना कीजिए कि आपको समाज क्या कहेगा? आपका परिवार और दोस्त ने आपको क्या कहा? जिंदगी का फैसला हो, तो बुद्धि और दिल का काम कम और अंतरात्मा का काम ज्यादा होना चाहिए | बुद्धि की जरूरत है पर जब आप उलझन में है तब तो सबसे ज्यादा अंतरात्मा से पूछे | क्योंकि उस वक्त आपकी अंतरात्मा ही आपको सही निर्णय में आपकी मदद करेगी | फिर भी अगर दो चीजों आपको अंतर समझ नहीं आ रहा है तो उसके बारे में लिखें और उसके फायदे नुकसान का फर्क देखें | तो तब आपको खुद ही समझ आ जाएगा | पर आपकी अंतरात्मा की आवाज आपके व्यक्तित्व के नजदीक की

आवाज है | इसमें गलती होने की संभावना बहुत कम है |

कई बार हमारे पास इनपुट ज्यादा होते हैं तो हम कन्फ्यूजन में रहते हैं कि कौन सा इनपुट हमारी मदद करेगा | तो जरूरी नहीं है कि सभी इनपुट सही हो तब हमारे दिमाग में लगे फ़िल्टर का प्रयोग करें जो खुद ही पता लगा लेता हैं कि कौन से व्यक्ति, प्लेटफार्म या चैनल से हमें सही जानकारी मिलेगी या फिर मिलती है | जब आप यह पता लगा लेते हैं तो आपके पास ऑप्शन कम होने लगते हैं | फिर उसमें आप देखें कि कौन सी जानकारी से मुझे गहराई और समझदारी की जानकारी दे सकता है | यह सब आप बातचीत से ही कर सकते हैं और यह बात भी सही है जितनी ज्यादा हमारे पास इनपुट होंगे उतनी ही हमें कन्फ्यूजन होगी | लेकिन जब हमारे पास विकल्प ज्यादा होते हैं तो संभावना होती है कि हम अच्छे निर्णय तक नही पहुंच पाएंगे | अगर आप यह सोचते हैं कि कंफ्यूजन होगा तो इसलिए आप ने इनपुट के विकल्प कम कर दिए हैं, तो यह सही बात नहीं है | निर्णय प्रक्रिया सही बनाना चाहिए | हम कई बार निर्णय ले चुके होते हैं फिर भी हम दूसरों से सुझाव लेना चाहते हैं | वो इसलिए, इसके दो कारण हो सकते हैं एक कारण हो सकता है कि खुद को बचाने के लिए कहीं जो मैंने निर्णय लिया वह गलत तो नही है | दूसरा यह है कि आप दूसरों को दिखाना चाहते हैं कि जो मैं निर्णय लेता हूँ इसमें दूसरों की राय लेता हूँ पर असल में आप ने पहले ही निर्णय ले लिया है|

कई बार हो सकता है कि आप निर्णय लें आपकी नजर में वह निर्णय सही हो और दूसरे का नजरिया भी हो सकता है सही ना हो| जैसे की आपके नजरिये से आप उसे 6 कह रहे हो दूसरे के नजरिये से उसे 9 लग रहा हो | तो आपके मन में डर बैठने लगता हैं कि मेरा निर्णय शायद गलत ना हो जाए जिससे हम लोगों की आलोचना का शिकार होना पड़े | तो कई बार लोग अपने निर्णय को बदल लेते हैं | पर उस वक़्त हमें जरूरत हैं अपने लिये हुए निर्णय पर विश्वास रखें | यह हर बार भी ना सोचे कि मैं निर्णय ले लेता हूँ वह सही ही होता है | यह आपका घमंड भी हो सकता है | 90 % सही भी हो सकता है और 10% हो सकता है आपका निर्णय गलत हो | आप अपने में महारथ तो हासिल कर सकते हैं पर यह जरूरी नहीं है कि आप उसमे पक्के ही होंगे | आजकल बदलते वक्त के हिसाब से आपके निर्णय परिस्थिति के हिसाब से बदल जाते हैं | तो कई बार आपको कुछ लोग कहेंगे कि तुमने जो निर्णय लिया उसमें ऐसा करना चाहिए था | पर उनकी भाषा कटाश वाली या फिर चूबने वाली हो तो उनकी भाषा को साइड में रख कर एक बार उनकी बात सुन ले | हर बात का सार निकालने और अपने गलत निर्णय में गलती ढूंढे और फिर से ना हो तो उसे अपने आप पर लागू करें और विनम्रता से अपनी गलती मान

ले|

हम जब भी निर्णय लें उसके अच्छे नतीजों के लिए तैयार होने चाहिए और उसके बुरे नतीजों के लिए भी तैयार होने चाहिए| अगर इनमें से किसी एक के लिए हम तैयार नहीं है तो हमें उस निर्णय पर प्रतिक्रिया नहीं लेनी चाहिए|

*****

38

खुला विचार से अपने निर्णय ले

हम कई बार निर्णय लेते वक्त निर्णय के एक तरफ खड़े होंगे या उसके विपरीत होंगे | पर हम सोचने को तैयार ही नहीं है कि इसके अलावा तीसरा, चौथा या पांचवा रास्ता भी हो सकता है | पर हम तो बस दो चीजों में अटक जाते हैं अच्छा या बुरा | जैसे कि यह लड़की गाय हैं या तेज है | यह बच्चा ईमानदार है या फिर बेईमान है |

ऐसे विचारों पर अपने आप को सीमित कर गलत निर्णय ले बैठते हैं | असल में एक ही आदमी ईमानदार भी हो सकता है और बेईमान भी हो सकता है | हो सकता है कि जो काम उसे पसंद है उसके प्रति ईमानदार हो | पर, जो काम कर रहा है वह उसे मजबूरी में करना पड़ रहा है जिसके कारण वह उस काम के प्रति बेईमान है | अगर इच्छा के विरुद्ध हैं तो वह बेईमानी ही करेगा | दुनिया में लोग अच्छे या बुरे नहीं होते | अच्छा और बुरा भी होता है | बात है बस हिस्सेदारी की | हो सकता है वह 40% अच्छा हो या 60% बुरा हो सकता है या इसके उल्टा | हमें किसी के लिए फैसले पर चरम पर नहीं रहना है | हमें किसी के लिये एक तरफ नहीं हो जाना चाहिए | हो सकता है कि परिस्थितियां बदलने पर वह बदल गया हो और हमारे विचार वही रुके हो |

तो अपने फैसलों में इतना लचीलापन रखें की परिस्थितियों के साथ बदल सके | कई लोग अपने विचारों में इतने कठोर होते हैं कि एक बार उन्होंने निर्णय ले लिया वह उस निर्णय के साथ ही अटल रहते हैं | सोचने लगते हैं कि लोग क्या कहेंगे तो कैसे बदले अपनी बात को | यही तो साहस है कि हम बता सके "पहले मेरी यह राय थी, अब मेरी यह राय हैं |" पर यह पूरी गारंटी नहीं है कि आने वाले समय

में हमेशा वह ही रहेगी | हम इंसान के रिश्तों में अपने निर्णय नहीं बदल सकते, पर सामाजिक और राजनीतिक स्तर पर अपने निर्णय बदल सकते हैं | एक अच्छे निर्णायक के तौर पर किसी के प्रति एक तरफ से नहीं सोचना चाहिए | हम लोग असल जिंदगी में हम अपने मामलों में वकील और दूसरों के मामलों में जज बहुत जल्दी बन जाते हैं | जो की बहुत गलत है, हमें जजमेंटल हुए बिना सही निर्णय लेना है |

*****

39

निर्णय लेने से संबंधित महत्वपूर्ण प्रश्न-उत्तर

प्रश्न:- लिज़ार्ड ब्रेन क्या होता हैं?

उत्तर:-"Lizard brain" एक शब्द है जो मानसिक विज्ञान में प्रयुक्त होता है और जिसका अर्थ होता है हमारे मस्तिष्क का प्राचीन और प्राकृतिक हिस्सा जो हमारी स्वाभाविक प्रवृत्तियों और आवश्यकताओं को नियंत्रित करता है।

यह "लिज़ार्ड ब्रेन" का नाम इसलिए प्राप्त करता है क्योंकि इसे एक जैविक विकास की प्रक्रिया का अवशेष माना जाता है, जब जीव के पहले विकास चरण में रिप्टाइलियन स्थानीयकरण का ग्रुप होता है। लिज़ार्ड ब्रेन हमारे विचार, भावनाएं और आवेगों को नियंत्रित करता है, जो हमारे आदिम मनुष्य से होने वाली प्रतिक्रियाओं का मुख्य कारण होता है। लिज़ार्ड ब्रेन मस्तिष्क का वह हिस्सा है जो अभिप्रेत तथा प्राथमिकताओं पर आधारित होता है जैसे खाने-पीने की आवश्यकता, स्वच्छता, सुरक्षा, और आत्मरक्षा। यह समय और संभावित खतरों के बारे में सोचने के बिना इंपल्सिव निर्णयों और आवेगों पर प्रभाव डालता है।

लिज़ार्ड ब्रेन जिम्मेदार होता है कई साधारण आवश्यकताओं के लिए, लेकिन वह निर्णय लेने के लिए तर्क और बुद्धिमानी का उपयोग नहीं करता है। इसलिए, हमें यह सुनिश्चित करने की जरूरत होती है कि हम अपने निर्णयों को लिज़ार्ड ब्रेन के आवेगों के बिना लेते हैं और समय लेकर, जानकारी इकट्ठा करके, और तर्कपूर्ण विचार करके उचित निर्णय लेते हैं।

प्रश्न:- स्केल ऑफ़ कॉन्फिडेंस क्या होता हैं?

उत्तर:- "स्केल ऑफ़ कॉन्फिडेंस" का अर्थ होता है "आत्मविश्वास का मानक"। यह एक प्रणाली या ढांचा होता है जो किसी विशेष विश्वास, कथन, पूर्वानुमान या निर्णय में आत्मविश्वास के स्तर को मापने या मूल्यांकन करने के लिए प्रयोग होता है। यह एक तरीका है विशेष धारणा या निष्कर्ष के साथ संबंधित निश्चितता या विश्वसनीयता के स्तर को आंकन करने का।

आत्मविश्वास का मानक संदर्भ या क्षेत्र पर आधारित हो सकता है। उदाहरण के लिए, सांख्यिकीय विश्लेषण में, आत्मविश्वास स्तर अक्सर प्रतिशत के रूप में प्रस्तुत किए जाते हैं (जैसे 95% आत्मविश्वास स्तर) और इसका मतलब होता है कि एक विशेष परिणाम या खोज कितने वैध और पुनर्जन्य होने की संभावना है।

सामान्यतया, आत्मविश्वास का मानक व्यक्तियों या प्रणालियों को स्वतंत्रता से व्यक्त करने की अनुमति देता है। यह सूचित निर्णय लेने, सूचना या डेटा की विश्वसनीयता का मूल्यांकन करने और निश्चितता के स्तर को दूसरों को संचारित करने में मदद करता है।

प्रश्न:-निर्णय लेने के लिये सबसे महत्वपूर्ण चीज़ क्या होती हैं?

उत्तर:- निर्णय लेने के लिए सबसे महत्वपूर्ण चीज़ हो सकती है:

1. <u>सही जानकारी:</u> सही और सत्यापित जानकारी निर्णय लेने के लिए आवश्यक होती है। निर्णय लेने से पहले, आपको संबंधित डेटा, तथ्य, और अवलोकन प्राप्त करने की आवश्यकता होती है। यदि आप अवैध या अपूर्ण जानकारी पर आधारित निर्णय लेते हैं, तो आपका निर्णय गलत हो सकता है।

2. <u>विश्लेषण क्षमता:</u> जानकारी को समझने और विश्लेषण करने की क्षमता निर्णय लेने में महत्वपूर्ण है। आपको विभिन्न पक्षों, परिणामों, और संभावित प्रभावों का विचार करना चाहिए। विश्लेषण करने से आप विभिन्न विकल्पों के बीच में संबंधों और प्राथमिकताओं को समझ सकते हैं और एक संयुक्त निर्णय ले सकते हैं।

3. <u>विचारशीलता:</u> सबसे महत्वपूर्ण गुणों में से एक है विचारशीलता या सामर्थ्य चिन्ता करने का और विभिन्न विचारों को समझने का। आपको विभिन्न

संभावितताओं के बारे में सोचना, समस्याओं को तत्काल नहीं हल करने के बजाय दूरस्थ दृष्टिकोण से देखना, और विभिन्न पक्षों को मान्यता देने की क्षमता आपको उच्चतम स्तर के निर्णय लेने में मदद करेगी।

4. <u>सामरिक सोच</u>: निर्णय लेते समय आपको सामरिक सोच रखनी चाहिए, जिसमें आप संभावित परिणामों और प्रभावों की गहराई तक सोचते हैं। आपको ध्यान देना चाहिए कि निर्णय किस तरह से आपके उद्देश्यों, रणनीतियों और व्यक्तिगत और सामुदायिक मूल्यों को प्रभावित करेगा।

5. <u>विश्वास की गहराई</u>: अपने निर्णय पर विश्वास रखना आपको स्थिरता और सामर्थ्य देता है। संदेह और हानिकारक आत्मविश्वास आपकी निर्णय क्षमताओं को प्रभावित कर सकते हैं। सही जानकारी, विश्लेषण, और सामरिक सोच के आधार पर विश्वास रखें, और फिर ठीक निर्णय लें।

ये चीजें आपको एक अच्छे निर्णय लेने में मदद कर सकती हैं। आपकी निर्णय क्षमताओं को समृद्ध करने के लिए इन गुणों पर ध्यान दें, सचेत रहें, और नए और चुनौती पूर्ण स्थितियों में सुधार करने के लिए निरंतर सीखते रहें।

प्रश्न: ऐसा क्या हैं जो हमें नहीं करना चाहिए ज़ब हम निर्णय लें रहे हो?

उत्तर:-निर्णय लेते समय, निम्नलिखित कुछ कार्रवाई जो आपको नहीं करनी चाहिए:

1. **जल्दबाजी करना**: महत्वपूर्ण निर्णय लेने से पहले धीरज बनाए रखें। जल्दबाजी में निर्णय लेना, अपर्याप्त जानकारी और विचार के अभाव में गलतियों का कारण बन सकता है।

2. **एकल मत पर भरोसा करना**: सबके विचारों को समझें और फिर निर्णय लें। केवल अपने दृष्टिकोण पर आधारित निर्णय लेने से आप अनुभव, ज्ञान और नए दृष्टिकोणों से वंचित रह सकते हैं।

3. **निर्णय से डरना**: निर्णय लेने का प्रक्रियात्मक हिस्सा है। सफलता और असफलता दोनों के साथ संपर्क स्थापित करना संघर्ष का हिस्सा है। डर और संकोच से बचें और जरूरत पड़ने पर संशोधन करें।

4. **निर्णय पर ज्यादा निर्भरता:** एक अच्छी निर्णय लेने के लिए सही जानकारी, विश्लेषण, और विचार की आवश्यकता होती है। लेकिन निर्णय के लिए अन्य लोगों से सलाह लेने की ही निर्भरता ना रखें। सलाह और परामर्श महत्वपूर्ण हैं, लेकिन आपको अपनी सोच, ज्ञान, और अनुभव के आधार पर भी निर्णय लेना चाहिए।

5. **छोटी सोचना:** निर्णय को एकांत में देखने की बजाय व्यापक परिप्रेक्ष्य बनाए रखें। बचती राहों और अवसरों को ध्यान में रखें और भविष्य के परिणामों को सोचें।

6. **अनिश्चितता के बावजूद निर्णय लेना:** कभी-कभी निर्णय के लिए पूर्वानुमान करना या पूरी तरह से निश्चितता प्राप्त नहीं कर पाना संभव होता है। लेकिन इसके बावजूद, अगर अपनी जानकारी, विश्लेषण और सामग्री के आधार पर सावधानीपूर्वक निर्णय लें, तो आपकी संभावित सफलता के अवसर बढ़ जाएंगे।

ये सावधानियाँ आपको एक समय पर उचित निर्णय लेने में मदद करेंगी। संवेदनशीलता, ज्ञान और विचार को संपन्न करके आप बेहतर निर्णय ले सकते हैं और बेहतर परिणाम प्राप्त कर सकते हैं।

प्रश्न:- टनल विज़न से आप क्या समझते हैं?

उतर:- थिंकिंग अगेन के लेखक के अनुसार हमें हमेशा एक गोल से पूरी तरह बंध नहीं जाना चाहिए, बल्कि समय-समय पर उसे मूल्यांकन करते रहना चाहिए। हो सकता है समय के साथ नई स्थिति आ गई हो और आपको अपना गोल बदलना पड़े। बहुत से लोग लाइफ में प्लान बनाते हैं। जैसे किस पार्टनर से शादी करेंगे, कहाँ घर खरीदेंगे, कौन सी जॉब करेंगे। फिर उन प्लान को पूरा करने के लिए कोशिश करने लगते हैं। लेकिन हम अपना दिमाग खुला नहीं रखेंगे तो कई बार हम अगल-बगल से आने वाली अच्छी अवसरों को भी मिस कर देते हैं। एक ही गोल को अंधाधुंध चेस करने से हमारे में टनल विजन पैदा हो जाता है और अगर कभी कोई प्लान फेल हो जाए तो? ऐसे में हमें समझना चाहिए कि हो सकता है वो प्लान अच्छा था ही नहीं। और इसके बदले हमारे पास और बेहतर विकल्प भी हों। हमें फ्लेक्सिबल रहना चाहिए। यह तभी होगा जब हमारी खुद की सोच पर पुनर्विचार करने के लिए तैयार रहेंगे। इसलिए कोई भी गोल या प्लान पत्थर की लकीर नहीं

होना चाहिए। उसमें बदलाव के लिए भी तैयार रहना चाहिए। तभी हम एक सफल जीवन जी पाएंगे।

प्रश्न:- बाइनरी मुद्दे से आप क्या समझते हैं?

उत्तर:- थिंकिंग अगेन के लेखक इस पर कहते हैं की कई बार हमें दो अलग-अलग ग्रुप से भी डील करना पड़ता है। जिनकी विचारधारा एक दूसरे से विपरीत होती है।

उदाहरण के तौर पर लेखक को एक बार ब्लैक और व्हाइट लोगों को एक लेक्चर देना था। यदि वे एक ग्रुप के हित में बात करते, तो दूसरा नाराज हो जाता। इसलिए उन्होंने बहुत ही समझदारी से वैज्ञानिक तथ्य रखे और दोनों ही ग्रुप से उनके विचार पूछे। इससे उन लोगों ने खुद ही ऐसे पॉइंट्स बताए जो लेखक को भी पता नहीं थे और अंत में सभी लोग एक-दूसरे की मदद करने के लिए राजी भी हो गए। इसलिए लोग प्रवचन के तर्कों से भरे भाषण को कभी भी पसंद नहीं करते हैं। बल्कि उन्हें प्रमाणित कथन और तथ्यों से युक्त विचार अधिक प्रभावित करते हैं।

प्रश्न:- कैसे पता चलता है कि आपने अपने लिए 'सही व्यक्ति' का चुनाव किया है?

उत्तर:- मुझे लगता हैं की आपके लिए सही व्यक्ति को पाना एक गहरा व्यक्तिगत और अनुभवात्मक अनुभव है। यद्यपि कोई निर्धारित सूत्र नहीं है, लेकिन कुछ संकेत हो सकते हैं जो दर्शाते हैं कि आपने सही व्यक्ति को पाया हो सकता है:

- <u>संगतता:-</u> आपको उस व्यक्ति के साथ एक मजबूत संगतता और जुड़ाव का अनुभव होता है। आप समान मूल्यों, रुचियों और लक्ष्यों को साझा करते हैं और साथ बिताने में आनंद लेते हैं।
- <u>परस्पर सम्मान:-</u>आपके और आपके साथी के बीच में परस्पर सम्मान और प्रशंसा होती है। आप एक-दूसरे की विशेषता की प्रशंसा करते हैं और अपने व्यक्तिगत विकास का समर्थन करते हैं।
- <u>संवाद:-</u>आपके रिश्ते में खुली और ईमानदारी से संवाद होता है। आप अपने विचार, भावनाएं और चिंताएं व्यक्त करने में आसानी महसूस करते हैं, और आपका साथी प्रेम भावपूर्ण और समझदार ढंग से सुनता है और प्रतिक्रिया करता है।

- <u>भावनात्मक समर्थन:-</u> आपके साथी आपको जीवन के उतार-चढ़ावों में भावनात्मक समर्थन प्रदान करते हैं। वे आपके लिए उपलब्ध रहते हैं, आपको सहानुभूति, प्रोत्साहन और सहारा प्रदान करते हैं।

- <u>विशेष विश्वास:-</u> विश्वास आपके रिश्ते में एक मजबूत आधार बनता है। आप आत्मनिर्भर होकर, वफादार और आपके हित में काम करने वाले अपने साथी पर भरोसा करते हैं।

- <u>रिश्ते का विकास:-</u>आप दोनों रिश्ते के विकास और विकास के प्रति समर्पित हैं। आप साथ मिलकर चुनौतियों को पार करने, गलतियों से सीखने और एक पूर्णता और दीर्घकालिक साझेदारी का निर्माण करने के लिए मिलकर काम करते हैं।

- <u>वास्तविक सुख:-</u> आपके साथी के साथ रहने से आपको वास्तविक सुख और संतुष्टि मिलती है। वे आपके जीवन को सजाते हैं और आप एक साथ भरोसे के साथ भविष्य की कल्पना कर सकते हैं, जिसमें आनंद और साझा अनुभव हों।

प्रश्न :- चुने गए विकल्प के बारे में चुपचाप एक शांत स्थान में बैठें और विचार करें। यह आपको कैसा अहसास कराता है?

उत्तर:-जब आप एक शांत स्थान में बैठकर विचार करते हैं और समक्ष उपलब्ध विकल्पों पर विचार करते हैं, तो यह आपकी भावनाओं और अनुभूतियों को प्रभावित कर सकता है। इनमें से कुछ सामान्य अनुभव हो सकते हैं:

1. <u>स्पष्टता:</u> एक शांत स्थान में बैठकर निर्णय पर विचार करने से आपके विचारों में स्पष्टता आ सकती है। यह आपको शोर और विचारों के विक्षिप्त करने से अलग करता है, जिससे आप निर्णय के महत्वपूर्ण पहलुओं पर केंद्रित हो सकते हैं।

2. <u>आंतरिक शांति:</u> शांत स्थान में होने से आपको शांतिपूर्णता और आंतरिक शांति का अनुभव हो सकता है। यह बाहरी प्रभावों से अलग होने और अपनी आंतरिक स्वभाव से जुड़ने का मौका प्रदान करता है। यह शांति स्थिति आपको अपने अन्तर्दृष्टि से जुड़ने और ऐसे निर्णय लेने में मदद कर सकती है जो आपके सच्चे मूल्यों और इच्छाओं से मेल खाते हैं।

3. <u>चिंता या अनिश्चितता:</u> कभी-कभी महत्वपूर्ण निर्णय के विचार पर विचार करने से चिंता, संदेह या अनिश्चितता की भावना भी हो सकती है। निर्णय का भार और उसके परिणामों की संभावित प्रभाव आपको अस्वस्थता और अशांति का अनुभव करा सकते हैं। हालांकि, एक शांत स्थान में बैठकर आप इन भावनाओं को स्वीकार करने और गहराई से अन्वेषण करने का अवसर प्राप्त करते हैं| जिससे आप अपनी चिंताओं की बेहतर समझ प्राप्त कर सकते हैं।

4. <u>भावनात्मक संयोग:</u> निर्णय पर विचार करते समय अनेक भावनाएं जैसे उत्साह, आनंद, डर या दुःख उत्पन्न हो सकता हैं। ये भावनाएं आपकी इच्छाओं, डर और आकांक्षाओं के संबंध में मूल्यवान दर्शन प्रदान कर सकती हैं। अपने भावनात्मक प्रतिक्रियाओं को समझने से आपको अपने सच्चे स्वभाव के साथ मेल खाते निर्णय लेने में मदद मिल सकती है।

5. <u>आंतरिक संवाद:</u>एक शांत स्थान में होकर आप आंतरिक संवाद या आत्म-चिंतन में लीन हो सकते हैं। इससे आप मन से बातचीत कर सकते हैं, पक्ष-विपक्ष का मूल्यांकन कर सकते हैं, और निर्णय के संभावित परिणामों का मूल्यांकन कर सकते हैं। यह आपके अंदरीय और गहन अवलोकन में एक संवाद का मौका प्रदान करता है, जिससे आपको आपके सच्चे मूल्यों के प्रति मूल्यवान प्रतिबिंब मिल सकता है।

ध्यान दें कि हर किसी का अनुभव अलग हो सकता है और यह महत्वपूर्ण है कि आप निर्णय लेने की प्रक्रिया में अपनी विशिष्ट भावनाओं और अनुभूतियों को स्वीकार करें और सम्मान दें।

प्रश्न:- "हमारे निर्णय सफलता की नींव होते हैं |" यह कथन जों अपने लिखा है उससे आप खुद कितने सहमत हैं?

उत्तर:-हाँ, इस कथन से मैं पूरी तरह सहमत हूँ और सही भी है। हमारे निर्णय हमारी सफलता की नींव बनते हैं। निर्णय लेना हमारे जीवन के हर क्षेत्र में महत्वपूर्ण होता है, चाहे वह व्यक्तिगत, व्यावसायिक या सामाजिक हो। यदि हम सही और समय पर उचित निर्णय लेते हैं, तो वह हमें सफलता की ओर प्रगति करने में मदद करते हैं।

यहां कुछ कारण हैं जो दिखा सकते हैं कि कैसे हमारे निर्णय हमारी सफलता की नींव बनते हैं:

1. <u>उच्चतम गुणवत्ता के निर्णय:</u> अच्छे निर्णय लेना हमारी सफलता के लिए महत्वपूर्ण है। जब हम सभी विकल्पों की गुणवत्ता का मूल्यांकन करते हैं और सबसे उच्चतम गुणवत्ता वाले विकल्प को चुनते हैं, तो हमारे पास सफलता की संभावना बढ़ती है।

2. <u>संगठित प्रक्रिया:</u> एक अच्छा निर्णय लेने के लिए, एक संगठित निर्णय प्रक्रिया का पालन करना आवश्यक होता है। यह प्रक्रिया हमें अधिक जानकारी एकत्र करने, विकल्पों का मूल्यांकन करने, संभावित परिणामों का विश्लेषण करने, और अंततः सबसे अच्छा निर्णय चुनने में मदद करता है।

3. <u>प्रोएक्ट प्लानिंग और प्रबंधन:</u>निर्णय के अग्रणी तत्वों में से एक है प्रोएक्ट प्लानिंग और प्रबंधन। यदि हम एक निर्णय को ध्यानपूर्वक योजना बनाते हैं, उसे अनुरूप प्रबंधित करते हैं और समय पर प्रगति करते हैं, तो हमारी सफलता की संभावना बढ़ती है।

4. <u>सीमाओं का सामर्थ्यपूर्ण प्रबंधन:</u> निर्णय लेने में हमारी क्षमता सीमाओं को संभालने में भी मायने रखती है। सीमाओं का सामर्थ्यपूर्ण प्रबंधन करके, हम सही संयोजन तय करते हैं, विकल्पों कि अच्छी तरह समीक्षा करते हैं, और अपनी शक्तियों को सबसे अच्छे रूप में उपयोग करते हैं।

5. <u>अनुभव से सीखना:</u> निर्णय लेने के पश्चात हमारे अनुभवों से सीखना भी अत्यंत महत्वपूर्ण है। हम अपने पहले के निर्णयों के परिणामों का मूल्यांकन करते हैं, गलतियों से सीखते हैं और आवश्यकता अनुसार अपने निर्णय में सुधार करते हैं।

संक्षेप में कहें तो, सही और समय पर उचित निर्णय हमारी सफलता की नींव बनते हैं, क्योंकि ये निर्णय हमें सही दिशा की ओर ले जाते हैं| समस्याओं का समाधान करते हैं और सामरिक और व्यक्तिगत उद्दीपन प्रदान करते हैं।

प्रश्न:- हमारे निर्णय उस विरासत को किस प्रकार प्रभावित करता है जिसे आप बनाना चाहते हैं?

उत्तर:- हमारे निर्णयों का उस विरासत पर सीधा प्रभाव पड़ता है जिसे हम बनाना चाहते हैं। हम जो विरासत छोड़ते हैं वह दुनिया पर हमारी छाप है और दूसरों पर हमारा स्थायी प्रभाव है। हम जो निर्णय लेते हैं, वे हमारे कार्यों, व्यवहारों और हमारे द्वारा अपनाए जाने वाले मूल्यों को आकार देते हैं। वे निर्धारित करते हैं कि हम दूसरों के साथ कैसा व्यवहार करते हैं, हम समाज में कैसे योगदान देते हैं और हम अपने जीवन में क्या प्राथमिकता देते हैं।

विचारशील और जानबूझकर निर्णय लेकर हम अपने कार्यों को अपनी वांछित विरासत के साथ संरेखित कर सकते हैं। उदाहरण के लिए यदि हम दयालु और दयालु के रूप में याद किए जाने की इच्छा रखते हैं| तो हमारे निर्णयों में दूसरों के प्रति उदारता, सहानुभूति और समझ के कार्य शामिल हो सकते हैं। यदि हमारा लक्ष्य पर्यावरण पर सकारात्मक प्रभाव डालना है, तो हमारे निर्णयों में टिकाऊ जीवन, पर्यावरण-अनुकूल पहलों का समर्थन करना या पर्यावरणीय कारणों की वकालत करना जैसे विकल्प शामिल हो सकते हैं| दूसरी ओर, ख़राब निर्णय उस विरासत को धूमिल कर सकते हैं जिसे हम बनाना चाहते हैं। जो कार्य हानिकारक, अनैतिक या अदूरदर्शी हैं| वे नकारात्मक प्रभाव छोड़ सकते हैं और उस विरासत को कम कर सकते हैं जिसे हम बनाने की आशा करते थे|

प्रश्न :-विकल्प लेने में हमारी शक्तियों कैसे मदद करती हैं? उदाहरणों के साथ बताये ?

उत्तर:- हमारी सामरिकताएं (strengths) निर्णय लेने में महत्वपूर्ण योगदान कर सकती हैं। निम्नलिखित कुछ उदाहरणों के साथ हमारी सामरिकताएं दी गई हैं जो निर्णय लेने में मददगार साबित हो सकती हैं:

1. <u>विश्लेषणात्मक सोच (Analytical Thinking)</u>: जानकारी का विश्लेषण करने, जटिल समस्याओं को तोड़ने, और विभिन्न परिप्रेक्ष्यों का मूल्यांकन करने की क्षमता निर्णय लेने में मददगार साबित हो सकती है। उदाहरण के तौर पर, विश्लेषणात्मक सोच के शक्तिशाली होने वाले व्यक्ति निर्णय लेते समय सावधानीपूर्वक डेटा का विश्लेषण करते हैं, विकल्पों की तुलना करते हैं और विभिन्न परिणामों की मूल्यांकन करते हैं।

2. <u>भावनात्मक बुद्धिमत्ता (Emotional Intelligence)</u>: भावनात्मक बुद्धिमत्ता का अर्थ होता है अपनी और दूसरों की भावनाओं को समझना और

प्रबंध करना। यह निर्णय लेने में मददगार होती है क्योंकि इससे संबंधों पर प्रभाव के बारे में सोचा जा सकता है| दूसरों के परिप्रेक्ष्य को समझा जा सकता है, और यह पहचान सकते हैं कि भावनाएं निर्णयों पर कैसे प्रभाव डालती हैं। उदाहरण के तौर पर, उच्च भावनात्मक बुद्धिमत्ता वाले व्यक्ति निर्णय लेते समय अपने टीम के सदस्यों के भावनात्मक स्वास्थ्य को मध्य नजर रख सकते हैं।

3. <u>रचनात्मकता(Creativity)</u>: रचनात्मकता वाले व्यक्ति अक्सर अलग-थलग सोचते हैं और नवीनतम समाधान उत्पन्न करते हैं। यह सामरिकता निर्णय लेने में महत्वपूर्ण होती है जब असामान्य या जटिल स्थितियों का सामना करना पड़ता है। रचनात्मक सोचकर्ता ऐसे अद्वितीय विकल्प या दृष्टिकोणों का निर्माण कर सकते हैं जिन्हें दूसरे नहीं सोच सकते हैं।

4. <u>परिश्रमशीलता (Resilience)</u>: परिश्रमशीलता से तात्पर्य है कि व्यक्ति प्रतिकूलताओं का सामना करके आगे बढ़ सकता है और चुनौतियों के माध्यम से संघर्ष करके निर्णय ले सकता है। परिश्रमशीलता निर्णय लेने में मदद करती है जो बदलती परिस्थितियों के साथ समाधान करने, असफलताओं से सीखने और आवश्यकतानुसार समायोजन करने की क्षमता देती है। उनकी परिश्रमशीलता उन्हें संकट के बाद संघर्ष करने और लंबे समय के लक्ष्यों के साथ संगत और निर्णय लेने में सहायता करती है।

5. <u>प्रत्यक्षीकरण (Intuition)</u>: प्रत्यक्षीकरण से तात्पर्य होता है अपने अंतर्दृष्टि पर भरोसा करना और अंतर्मन से प्राप्त ज्ञान पर आधारित निर्णय लेना। हालांकि कभी-कभी यह तर्कसंगत या समझाया नहीं जा सकता है, परंतु प्रत्यक्षीकरण निर्णय लेने में एक भूमिका निभा सकता है| विशेषकर उन स्थितियों में जहां समय की कमी होती है या जहां अपूर्ण जानकारी होती है। कुछ व्यक्ति प्राकृतिक रूप से सफल प्रत्यक्षीकरण निर्णय लेने में माहिर होते हैं जो अपने अनुभव और अवचेतन ज्ञान पर आधारित होते हैं।

6. <u>सहयोग और संचार (Collaboration and Communication)</u>: सहयोग और संचार की सामरिकता विभिन्न दृष्टिकोणों को इकट्ठा करने, अन्य लोगों से प्रविष्टि लेने और विचारों को सुगमतापूर्वक साझा करने में मदद करती है। यह कौशल निर्णय लेने की प्रक्रिया का समर्थन करते हैं, साझेदारी को प्रोत्साहित करते हैं, संवाद को प्रोत्साहित करते हैं, और सुनिश्चित करते हैं कि विभिन्न दृष्टिकोणों की मध्यस्थता की जाती है|

7. <u>आत्मविश्वास (Self-Confidence):</u>आत्मविश्वास होने से व्यक्ति निश्चितता के साथ निर्णय लेने में सहायता प्राप्त कर सकता है और अपनी क्षमताओं पर विश्वास कर सकता है। यह उन्हें हिसाब से जोखिम लेने, कठिन निर्णय लेने, और अपने निर्णयों के पक्ष में खड़े रहने में मदद करता है, हालांकि संदेह या विरोध की स्थिति में।

ये केवल कुछ उदाहरण हैं जो निर्णय लेने में मददगार हो सकते हैं। हर किसी के पास अपनी विशेष सामरिकताएं होती हैं और उन्हें उपयोग करने से प्रभावी और सफल निर्णय लेने में मदद मिल सकती है।

प्रश्न:- हमारे निर्णय किस स्तर तक प्रभावित करते हैं?

उत्तर:-हमारेनिर्णयों के परिणाम उनके स्वरूप और जीवन के विभिन्न पहलुओं पर उनके प्रभाव के आधार पर अस्थायी और स्थायी दोनों प्रकार से प्रभावित कर सकते हैं। जैसे कि:

1. <u>अस्थायी परिणाम:</u> कुछ निर्णयों की प्रतिक्रियाएँ तुरंत या अस्थायी परिणाम हो सकते हैं जो दीर्घकालिक नहीं हो सकते। ये परिणाम उपेक्षणीय हो सकते हैं और समय के साथ फीके पड़ सकते हैं या पलट सकते हैं। उदाहरण स्वरूप दिन के लिए क्या पहनना है या दोपहर के लिए कहाँ खाना खाना है ऐसे निर्णयों के अस्थायी परिणाम हो सकते हैं | जो लम्बे समय तक किसी के जीवन को प्रमुख रूप से प्रभावित नहीं करते।

2. <u>स्थायी परिणाम:</u> अन्य निर्णय दीर्घकालिक या यहाँ तक कि स्थायी परिणाम हो सकते हैं। ये निर्णय किसी के जीवन, रिश्तों, करियर और सामग्री कल्याण की मार्ग रेखा को आकार दे सकते हैं। इनमें जीवनसंगी का चयन करना, किसी विशेष करियर पथ का पीछा करना, वित्तीय निवेश करना या परिवार शुरू करने का निर्णय शामिल हैं। ये विचार पूरी तरह से पलटाने में कठिन या संभावत: पूरी तरह से वापिस वैसे पलटाने में कठिन हो सकते हैं।

3. <u>विकल्प प्रभाव:</u> कुछ सिखाने वाले छोटे निर्णयों के विकल्प प्रभावी हो सकते हैं जो आगामी निर्णयों और परिणामों को प्रभावित करते हैं। समय के साथ छोटे निर्णयों की एक श्रृंखला जमा हो सकती है और महत्वपूर्ण दीर्घकालिक परिणामों का कारण बन सकती है। उदाहरण स्वरूप नियमित रूप से

स्वास्थ्यपूर्ण जीवनशैली के चयन करना, जैसे कि नियमित व्यायाम करना और पौष्टिक आहार खाना, अपने स्वास्थ्य और कल्याण पर दीर्घकालिक सकारात्मक प्रभाव डाल सकता है।

4. <u>अप्रत्याशित परिणाम:</u> यह महत्वपूर्ण है कि कुछ निर्णयों के परिणाम तुरंत स्पष्ट या पूर्वानुमानित नहीं हो सकते हैं। अप्रत्याशित परिस्थितियाँ, बाहरी कारक या परिस्थितियों में परिवर्तन उत्पन्न हो सकते हैं और एक निर्णय के परिणामों को संशोधित कर सकते हैं।

हालांकि हम उपलब्ध जानकारी के आधार पर सूचित चयन कर सकते हैं| सभी संभावित परिणामों को पूर्वानुमानित और नियंत्रित करना असंभव है। सारांश में, निर्णयों के परिणाम विभिन्न हो सकते हैं| छोटे अस्थायी प्रभाव से लेकर दीर्घकालिक और संबंधित स्थायी प्रभाव तक। महत्वपूर्ण निर्णयों के संभावित परिणामों का सावधानीपूर्वक विचार करना और उन विचारों का चयन करना जो हमारे मूल्यों, लक्ष्यों, और दीर्घकालिक कल्याण के साथ मेल खाते हैं वह महत्वपूर्ण है।

प्रश्न:- क्या निर्णय में स्थायी परिणाम होता है?

उत्तर:-हाँ,कई बार निर्णयों के नतीजे स्थायी प्रभाव डाल सकते हैं। उदाहरण के लिये एक समय की बात है| एक गांव में एक युवक को एक अच्छी नौकरी का मौका मिला। उसे या तो अपने गांव में सर्वसाधारण जीवन जीने का विकल्प था, जहां उसके पास न केवल आराम था बल्कि परिवार और दोस्तों भी थे या फिर उसे शहर में नौकरी की प्राप्ति का विकल्प था, जहां उसे सफलता की नई दुनिया में धन, सम्मान और सुविधाओं की प्राप्ति की संभावना थी।

युवक ने सोचा और विचार किया और अंततः शहर में नौकरी की पेशकश को ग्रहण करने का फैसला लिया। उसने अपने गांव को छोड़कर शहर में अपनी नई जिंदगी कि शुरुआत की। पहले दिन से ही उसे उसकी नई नौकरी में संघर्ष का सामना करना पड़ा। काम का तनाव और बॉस की मांगों का दबाव, अनजाने लोगों के साथ नये रिश्तों की बनावटी ज़रूरतें सब इसका उदाहरण था। धीरे-धीरे उसने अपनी कठिनाइयों का और मुश्किलों का सामना किया। वह मेहनत करने, सीखने की और आगे बढ़ने की इच्छा रखता था।

बीते कुछ समय बाद, युवक को सफलता मिली। उसकी मेहनत और परिश्रम ने उसे कंपनी में उच्च पदों तक पहुंचाया। उसकी आय बढ़ी, वह आरामदायक जीवन जीने लगा और उसके पास खुद के लिए, खुद के रिश्तेदारों और दोस्तों के लिए भी समय था। वह अपनी पहली सालगिरह पर गांव जा रहा था और उसने अपनी मां से कहा, "माँ, मेरे निर्णय के परिणाम स्थायी हो गए हैं। अगर मैं गांव में ही रहता तो मैं कभी भी यह सब नहीं हासिल कर पाता। मेरे एक निर्णय ने मेरी जिंदगी को बदल दिया और यही मेरी सफलता का कारण है।"

यह कहानी दिखाती है कि निर्णय लेने के बाद उसके परिणाम स्थायी हो सकते हैं। युवक ने शहर में नौकरी की पेशकश को ग्रहण करने से पहले विचार किया, साहस किया और मेहनत की। इसके परिणामस्वरूप, उसे सफलता मिली और उसकी जिंदगी बदल गई। इससे स्पष्ट होता है कि हमारे निर्णय हमारी जीवन पर गहरा प्रभाव डाल सकते हैं और कभी-कभी वे स्थायी रूप से हमारी सफलता के रास्ते को निर्धारित कर सकते हैं।

प्रश्न:- प्राप्तता संज्ञानाधीनता के कारण हमारे विकल्पों का गलत मूल्यांकन करने का खतरा क्या है?

उत्तर:- प्रयोजन ज्ञानी होने के बावजूद किसी स्थिति को गलत तरीके से समझने की आशंका "उपलब्धता ह्यूरिस्टिक" के कारण हो सकती है। यह एक मानसिक त्रुटि है इसका परिणाम होता है कि हम जो विकल्पों को देखते हैं, वे असल में सबसे अच्छे विकल्प नहीं होते हैं, लेकिन हम उन्हें ऐसे मानते हैं कि वे सही हों।

एक उदाहरण के रूप में, सोचें कि आपको एक नयी रेस्टोरेंट जाने का निर्णय लेना है। आपने सिर्फ़ उन लोगों से उसके बारे में सुना है जो वहाँ जा चुके हैं और उन्होंने यह सुनाया कि वहाँ का खाना बहुत अच्छा होता है। अब आप बिना किसी अन्य विकल्प का विचार किए, उसी रेस्टोरेंट को चुन सकते हैं क्योंकि वो प्राप्तता संज्ञान के कारण आपके लिए अधिक संभावित दिखता है।

इस प्रकार प्राप्तता संज्ञानाधीनता हमें उन विकल्पों का मूल्यांकन करने में गलती करने की संभावना को बढ़ाती है| जिन्हें हम सीधे देखते हैं या जिनकी हमारे पास पहले से ही जानकारी होती है। इसमें आपने "उपलब्धता ह्यूरिस्टिक" का अनुसरण करके गलत निर्णय लिया|

प्रश्न:- निर्णय लेने का 10/10/10 तरीका क्या हैं?

उत्तर:- निर्णय लेने की "10/10/10" पद्धति एक बिजनेस लेखक और हार्वर्ड बिजनेस रिव्यू के पूर्व संपादक सूजी वेल्च द्वारा पेश की गई एक रूपरेखा है। यह विधि व्यक्तियों को तीन अलग-अलग समयावधियों में उनकी पसंद के संभावित प्रभाव पर विचार करके अधिक विचारशील और संतुलित निर्णय लेने में मदद करने के लिए डिज़ाइन की गई है। विधि में तीन "10" तीन प्रमुख प्रश्नों को संदर्भित करते हैं जिन्हें आपको निर्णय लेते समय खुद से पूछना चाहिए।

जैसे की:-

अब से 10 मिनट बाद मैं इस निर्णय के बारे में कैसा महसूस करूंगा?

अब से 10 घंटे बाद मैं इस निर्णय के बारे में कैसा महसूस करूंगा?

अब से 10 साल बाद मैं इस निर्णय के बारे में कैसा महसूस करूंगा?

1. <u>10 मिनट:</u> पहली समय-सीमा में, व्यक्ति को निर्णय लेने के लिए सिर्फ़ 10 मिनट का समय दिया जाता है। इसका उद्देश्य है अक्सर आपके पास पहले से ही विचार और जानकारी होती है, इसलिए आपको तुरंत निर्णय लेने की क्षमता देना।

2. <u>10 घंटे:</u> दूसरी समय-सीमा में, व्यक्ति को दस घंटे का समय दिया जाता है जिसका उद्देश्य है निर्णय के परिणामों को देखने के लिए पर्याप्त समय देना। कैसे यह निर्णय आपके जीवन, आपके लक्ष्यों और आपके मूल्यों के साथ मेल खाता है, इस पर विचार करने का समय दिया जाता है।

3. <u>10 साल:</u> तीसरी समय-सीमा में, व्यक्ति को दस साल का समय दिया जाता है जिसका उद्देश्य है सोचने का समय देना कि यह निर्णय दस साल बाद भी कैसे प्रभावित करेगा। इसके जरिए व्यक्ति को निर्णय के दीर्घकालिक परिणामों का विचार करने का मौका मिलता है।

इस तरीके से 10/10/10 निर्णय लेने की विधि व्यक्ति को विभिन्न समय-सीमाओं में विचार करने का अवसर देती है ताकि उसे अच्छे से सोचकर निर्णय लेने में मदद मिल सके।

प्रश्न:- अगरआपकिसीनिर्णयकोटालतेहैं, तोक्याहोगा?

उत्तर:-यदि आप वर्तमान समय में किसी निर्णय को स्थगित करते हैं, तो कुछ बातें हो सकती हैं:

- <u>अवसर का नुकसान:</u>कई बार निर्णय को स्थगित करने से आप किसी महत्वपूर्ण अवसर को खो सकते हैं। जब आप निर्णय का विलंब करते हैं, तो आप उस समय की सामरिकता, मार्गदर्शन या साझेदारी का नुकसान कर सकते हैं, जो आपके लिए उपयोगी हो सकता है।
- <u>विचारों की परेशानी:</u> निर्णय को अधिक समय तक स्थगित करने से आप निर्णय के बारे में सोचते रह सकते हैं और इसके परिणामस्वरूप चिंताओं और तनाव का अनुभव कर सकते हैं। यह आपके मनोभाव, उत्साह और संतुष्टि पर असर डाल सकता है।
- <u>समय की गवाही:</u> निर्णय को स्थगित करने से आप समय की गवाही खो सकते हैं। जीवन बदलता रहता है और अवसर का समयबद्ध नहीं होता। निर्णय को स्थगित करने से आप बाद में अधिक समय और उपयुक्तता के साथ पहुंचने का जोखिम उठा सकते हैं।
- <u>समस्या की बढ़ोतरी:</u> कुछ निर्णय जितनी जल्दी हो सके उचित होते हैं। विलंब करने से समस्याओं या परेशानियों का विस्तार हो सकता है। इससे निर्णय करने में और ज्यादा समय और मार्ग निर्धारण की आवश्यकता हो सकती है।

इन बातों पर ध्यान दिया जाता है, निर्णय लेने के लिए कुछ अवसर खोए जा सकते हैं और निर्णय लेने में अतिरिक्त विचार और समय की आवश्यकता हो सकती है। इसलिए अपनी स्थिति और निर्णय के आधार पर विचार करें और समय के साथ मिलने वाले लाभ और अवसर खोने पर मिलने वाले परिणामों का आकलन करें।

40

तापसी उपाध्याय के निर्णय लेने के बारे में विचार

तापसी उपाध्याय

कैसे एक निर्णय हमारी ज़िन्दगी बदल सकता हैं? कैसे हम निर्णय लें? निर्णय से जुड़ी बातों के बारे में आपने इस किताब में जाना | उम्मीद हैं इस पुस्तक ने आप की निर्णय लेने की कला और क्षमता को दोनों में वृद्धि की होगी | अब इस पुस्तक की खास पेशकश जिसमें आप तापसी उपाध्याय जिसे आप बटेक पानीपुरी के नाम से जानते हैं | इनसे आप जानेंगे कैसे एक निर्णय आप की ज़िन्दगी में परिवर्तन ला सकता हैं और निर्णय लेने की शक्ति से इन्होंने अपनी ज़िन्दगी में कैसे बदलाव लाया? मेरा उनके साथ बातचीत और इस पुस्तक में उनके विचार प्रश्न-उत्तर एक माध्यम से प्रस्तुत करने का मकसद यह हैं की स्टूडेंट भी जानें कैसे एक सही निर्णय लेने से ज़िन्दगी में बदलाव आ सकता हैं? चलिए जानते हैं तापसी उपाध्याय से निर्णय लेने के बारे में उनकी विचारधारा, जिन्होंने अपने निर्णय से खुद को स्टूडेंट से एंट्रेंप्रेनेर बनाया|

प्रश्न-उत्तर

लेखकः- तापसी जी सबसे पहले अपना छोटा इंट्रोडक्शन दे और उसके बाद आप निर्णय लेने का क्या महत्व समझती हैं और आपका कोई एक ऐसा निर्णय जिसके वज़ह से आप की ज़िन्दगी में यू टर्न आया हो?

तापसी:-मेरा नाम तापसी उपाध्याय हैं| मैं मेरठ (उत्तर प्रदेश) से हूँ | मेरी स्कूली शिक्षा वही से हुई हैं| मेरे परिवार में मम्मी-पापा, छोटे भाई-बहन हैं | मेरी बारहवीं तक शिक्षा मैंने मेरठ से ही की हैं | जी हाँ, निर्णय लेना बहुत ज्यादा महत्वपूर्ण हैं | देखिये एक होता हैं निर्णय लेना दूसरा होता हैं सही समय पर निर्णय लेना| यह दोनों चीज़ें अहम हैं| ऐसा कोई बडा निर्णय नहीं हैं जिसकी वज़ह से मेरी ज़िन्दगी में यू टर्न आया हो | पर मेरे छोटे-छोटे निर्णय हैं जिसकी वज़ह से मेरी ज़िन्दगी में बदलाव आये हैं | जब उन छोटे-छोटे निर्णय को बड़े स्तर पर देखते हैं तो वह आपकी ज़िन्दगी को पूरा बदल देते हैं| बाकी मेरा बटेक पानीपुरी वाला बिजनेस का निर्णय भी छोटे-छोटे निर्णय से ही लिया| जब मैं गली में कुछ खाने जाती थी तो मुझे कुछ हैल्थी नही मिलता था | तो मेरा यह बिजनेस को शुरू करना मुझे एक यू टर्न की तरह दिखाई देता हैं |

लेखक:- मेरा खुद का मानना हैं की "निर्णय ही सफलता की नींव होती है" आप इस बात से कितना सहमत हैं?

तापसी:- जी हाँ, मैं आपकी इस बात से पूरी तरह से सहमत हूँ| आप जब गलत निर्णय ले लेते हैं तब आपकी जिंदगी में असफलता भी आती हैं, और जब आप सही निर्णय लेते हैं तो आप सफल भी हो जाते हैं| ऐसा भी जरूरी नहीं है कि आप पहली बार में ही सही निर्णय ले लेगें | निर्णय ही सफलता की नहीं होती है क्योंकि जब आप गलत निर्णय लेते हैं तो अब सीख कर आगे बढ़ जाते हैं और जब आप सही निर्णय लेते हैं तो आप उसमें सफल हो जाते हैं|

लेखक:- आप अपने लाइफ के निर्णय कैसे लेते हैं?

तापसी:- मैं लाइफ में अपने निर्णय अपने पुराने तजुरबों से लेती हूँ | मैंने उन तजुरबों से क्या सीखा? उस सीख को अपनी आने वाली ज़िन्दगी में अपना कर अगले स्टेप्स (क़दमों) को वैसे ही सेंट करती हूँ| मैं उन पुराने तजुरबों से ही अपने अगले ज़िन्दगी के फैसले लेती हूँ क्योंकि यह मेरी व्यावसायिक तजुरबा हैं|

लेखक:- आपके अनुसार नौजवान को आजकल निर्णय कैसे लेना चाहिए?

तापसी:- इस प्रश्न का उत्तर मैं नहीं दे पाऊंगी क्योंकि हर नौजवान की विचारधारा अलग है| सब की मानसिकता और सोचने की क्षमता अलग-अलग है| इसके लिए सबसे पहले अपनी जिंदगी का मकसद बनाएं कि आप क्या पाना चाहते हैं और उसके हिसाब से आप यह निर्णय ले सकते हैं | यह पूरा का पूरा आपकी विचारधारा पर निर्भर करता है, और उसके बाद सोचे कि आपकी नजर में उस मकसद क्या मतलब है और आप क्या पाना जाते हैं| तब ही आप निर्णय लेने को बेहतर कर पाते हैं|

लेखक:-आपके अनुसार निर्णय जल्दी लेना चाहिए या फिर इसमें समय लगाना चाहिए?

तापसी:- हमें कुछ निर्णय जल्दी ले लेने चाहिए और कुछ में समय लगा कर लेनी चाहिए, यह दोनों जरूरी है| जैसे कि ऑफिस जा रहे हैं और उसे वक्त किसी का दुर्घटना हो गई है तब शायद आप निर्णय लेने में समय नहीं लगाएंगे कि उस व्यक्ति की मदद करूँ या फिर ना करु, ऑफिस से छुट्टी लू के नहीं| क्योंकि आप को पता हैं की उस वक्त क्या महत्वपूर्ण हैं| उस वक्त आपकी प्राथमिकता उसकी जान बचाना हैं या कोई भी मेडिकल सहायता जों आप उसे दिला पाये | आपकी ज़िन्दगी मैं कुछ ऐसे मसले भी होते हैं जिसमें आप को समय भी लेना चाहिये, जैसे की कोई बिज़नेस शुरू करना चाहते हैं और वह बिज़नेस आप के प्रोफेशन से अलग हैं | क्योंकि आप के पास उस वक्त उस बिज़नेस के लिये विचार ही हैं, इसलिए आप को उसके बारे में सोच विचार करना हैं, उसके चुनौतियाँ, लाभ और हानि के बारे में पूरा जाना पड़ेगा | ऐसे मसले में आप को निर्णय लेना पड़े तो आपको समय लेना हैं, नाकि तुरंत प्रतिक्रिया लेनी हैं|

लेखक:- अगर आपको किसी को दोस्त बनाना हो तो आप किन बातों का चुनाव करती हैं?

तापसी:- मेरे दोस्त बनाने के लिए कोई सेट ऑफ रूल्स नहीं है| क्योंकि जब आप पहली बार किसी से मिलते हैं तो उसके बारे में आप कुछ नहीं जानते हैं | मैं बहुत एक्सप्लोरिंग हूँ और फ्रेंडली नेचर की हूँ, इसलिए मेरे को जल्दी दोस्त बन जाते हैं | मैं बहुत जल्दी लोगों के साथ सोशलाइज हो जाती हूँ | जो भी मुझे पहली बार मिलते हैं तो मेरे फ्रेंड जोन में आ जाते हैं | जब मैं उनके बारे जानना शुरू करती हूँ तब मैं विचार करती हूँ कि यह दोस्त मेरे लिए अच्छा है या बुरा | तब मैं भी सोच विचार करती हूँ कि मैं दोस्ती रखूंगी या नहीं | पर मेरी फ्रेंडशिप में दोनों कैटेगरी के दोस्त आ सकते हैं| चाहे वह बहुत अच्छे हो या फिर थोड़े से अच्छे ना हो | जब मैं जानती हूं तब मैं उनसे सीखती हूँ | ऐसा भी कुछ नहीं है कि ऐसी ही क्वालिटी का ही मेरा दोस्त बन सकता है, यह जरूरी नहीं है | हर इंसान में अलग-अलग क्वालिटी होती है और मैं हर किसी की क्वालिटी से सीखने की कोशिश करती हूँ अगर यह पता चलता है कि मैं ऐसी संगत में हूँ जिससे लोगों को नुकसान हो सकता है तो मैं कोशिश करूंगी की उस संगत से, उस दोस्त से मैं दूर हूँ |

लेखक:-अगर आपने ऐसा निर्णय चलिया है जों परिस्थिति के हिसाब से सही है पर आप के निर्णय से आसपास के लोग विपरीत हैं तो आप

क्या अपने निर्णय के साथ बने रहेंगे?

तापसी:-अगर मैं निर्णय लेती हूँ पर मुझे पता चलता है कि जो मैंने निर्णय लिया है वह मेरे लिए तो अच्छा है पर दूसरों या फिर समाज के लिए अच्छा नहीं है तो वह निर्णय अच्छा हो ही नहीं सकता | जिससे मेरे परिवार के सदस्यों, रिश्तेदारों या दोस्तों को नुकसान पहुंचता हो या फायदा ना हो रहा हो | तो इससे मैं यह तो समझ जाओगी कि इस निर्णय में कुछ ना कुछ कमी है | तो मैं फिर से उस निर्णय की जांच या उस निर्णय पर विचार करने की कोशिश करूंगी | कि इस निर्णय से समाज को क्या दिक्कत हो रही है? या इस निर्णय में मैं क्या सुधार कर सकती हूँ? अगर उस निर्णय में कुछ भी बदला जा सकता होगा तो मैं उसे जरूर बदलने की कोशिश करूंगी|

लेखक:- आप के अनुसार "अच्छे निर्णय लिए जाते हैं या फिर साबित किए जाते हैं" इनमें से कौन सी बात आपको सच लगती है?

तापसी:- कई बारअच्छे निर्णय लिये भी जाते हैं और कई बार लिये गए निर्णय को साबित भी करना पड़ता है| जैसे कि बटेक पानीपुरी वाली के लिए लोग यह बोलते हैं कि यह नाम गलत तरीके से नौजवानों को प्रभावित कर रहा है क्योंकि उन्हें गलत दिशा की ओर धकेल रहा है| पर ऐसा नहीं हैं मैं पूरी कोशिश कर रही हूं कि इसे सही साबित करने में लगी हूँ | मुझे लगता है कि समाज में कोई भी बदलाव लाना कोई आसान काम नहीं है | इसमें पूरी दृढ़ता, धैर्य और लगन लगती है और इस समाज में अलग-अलग सोच के लोग भी रहते हैं | जिसके कारण हमें उनको साबित करना बहुत मुश्किल होता है | उनकी सोच आपसे मेल खाए, इसमें बहुत समय लग जाता है | इसमें हम किसी को जज भी नहीं कर सकते हैं |

लेखक:- आपके अनुसार हमें अपने लाइफ के निर्णय कैसे लेना चाहिए, दिल से या दिमाग से?

तापसी:- हमें निर्णय लेने के लिए दिल और दिमाग दोनों की आवश्यकता होती है | अगर हम किसी को एक को पीछा छोडते हैं तो हम उचित निर्णय नहीं ले सकते | क्योंकि ऐसे करने से हम असंतुलित निर्णय लेते हैं | ऐसी स्थिति में हमारे दिमाग और दिल को संतुलित करने की जरूरत है| क्योंकि दिल तो भावनाओं में

बह सकता है, पर हमारा जो दिमाग है उसे हम बदल सकते हैं | मैं दिमाग के साथ निर्णय लेने कोशिश करूंगी, मैं उस दिमाग से सोचने की कोशिश करूंगी और अपने दिमाग़ में माइंड मेपिंग करने कि कोशिश करूंगी और अपने अंदर आत्मविश्वास लाने की कोशिश करूंगी कि मैं जो करना चाहती हूं, वह मैं अच्छी तरह से कर सकती हूं | इतना मैं अपने अंदर आत्मविश्वास लेकर आऊंगी | हमारे जो माता पिता के जो तजुरबे हैं वह जरूरी नहीं हैं की हर बार सही हो, पर इसके साथ उनकी भावनाएँ सही हो सकती हैं | यह मेरा एक पर्सनल कोट्स है की

""आप के माता-पिता के इंटेंशन सही हो सकते हैं, पर यह जरूरी नहीं है कि उनके जो निर्णय हैं वह हर बार सही हो |""

अगर मेरे माता-पिता जॉब करने के लिए भी कह रहे हैं, तो मैं अपने दिल की सुनूंगी और निर्णय लूंगी |

लेखकः- आपके अनुसार हमें व्यापार में कैसे निर्णय लेने चाहिए "लॉजिकली या थ्योरिटीकली"?

तापसीः-जब हम किसी व्यापार को शुरू करना चाहते हैं तो उससे पहले यह जानना जरूरी है कि हमें उसे व्यापार की कितनी प्रैक्टिकल और थ्योरिटीकल नॉलेज है? जब यह दोनों ज्ञान जुड़ जाते हैं तब आप एक निर्णय लेते हैं और इसके बाद भी, अगर कोई निर्णय लेने में गलती होती है, तो उसमें आप असफलता पाते है | जब हमें असफलताएं मिलती है तब हम उसे सीखना शुरू करते है और उस सीख से सीख कर आगे बढ़ते है | यहां दो रास्ते होते हैं, पहला, उस गलती से सीख कर हम आगे बढ़ना और उसमें सुधार लाना या फिर, दूसरा हम उस निर्णय को वहीं छोड़ देते हैं और अगर छोड़ देते हैं तो हमारा निर्णय सही था ही नहीं | "आपके निर्णय हर बार सही हो सकते हैं अगर आप उससे सीखते हैं|"

लेखकः- एक इंट्रोवर्ट और एक्स्ट्रावर्ट के निर्णय में क्या अंतर होता है?

तापसीः-एक इंट्रोवर्ट वह होगा जो अपनी सेल्फ की कंपनी को इंजॉय करेगा और एक्स्ट्रावर्ट में वह होगा जो ख़ुद के साथ सोशलाइज होना भी पसंद करेगा | यह दोनों के अपने-अपने अलग ही एक्सपीरियंस होते हैं| मैंने अपने आपको दोनों

के लाइफस्टाइल में रखने की, रहने की कोशिश की है| इंट्रोवर्ट में आप खुद को एक्सपीरियंस कर रहे होते हैं और आप अपने बारे में जान रहे होते हैं| तब आप कोई निर्णय लेते हैं तो वह एक आत्मनिर्भर बन कर निर्णय लेते है| उसे उसी दिशा में लेकर जाता है जिस दिशा में वह जाना जाता है| एक्स्ट्रावर्ट में इंसान प्रैक्टिकल लाइफ को ज्यादा एक्सपीरियंस करता है और लोगों के साथ सोशलाइज होने की कोशिश करता है | जिसके कारण उसके पास अलग-अलग एक्सपीरियंस होते हैं, जो उसे मिला है अलग-अलग लोगों के साथ मिलकर, बात करके या उनके साथ तालमेल रखकर मिला हैं और उसे वह एक्सपीरियंस उसे अलग ही दिशा में ले जाएगा | इसमें दोनों के जो निर्णय होंगे वह एक दूसरे से भिन्न ही होंगे | इसमें यह नहीं कह सकते है कि दोनों में जो निर्णय लेगा एक का गलत होगा और दूसरे का सही होगा | इंट्रोवर्ट का जो निर्णय होगा वह अपने स्तर पर होगा | तो उससे अच्छे से निर्णय ले पाएगा क्योंकि उसे अपने बारे में सब पता होगा तो इसके बारे में अगर कोई निर्णय लेना होगा तो वह अच्छे से निर्णय ले पाएगा | एक्सट्रोवर्ट भी अपने स्तर पर अपने चैलेंज को कम करने की कोशिश करेगा जैसे कि उसने अपनी लाइफ में एक्सपीरियंस किये होंगे |

लेखक:-आपके अनुसार आज की पीढ़ी कैसे एक अच्छा निर्णायक बन सकती है?

तापसीः- मेरे अनुसार आज की पीढ़ी एक अच्छा निर्णायक तब बन सकती हैं जब आपके पास बौद्धिक ज्ञान है| उदाहरण के लिए मैट्रिक कक्षा के बाद विद्यार्थियों में यह निर्णय लेना होता है कि वह उसके बाद क्या करेंगे? अगर उनके पास इतना ज्ञान हो, इतनी बुद्धिमता हो कि वह इसके बारे में जानते हो कि वह अपनी जिंदगी में क्या करना चाहते हैं, तो वह ही खुद का निर्णय ले पाते हैं | नहीं, तो क्या होता है कि ज्यादातर विद्यार्थी के इसके बारे में निर्णय उनके माता-पिता ही लेते हैं और उन्हें बताते हैं कि आप इस क्षेत्र में अपना करियर बनाएं | पर अगर आपको उस क्षेत्र के बारे में ज्ञान होता तो आप उसके बारे में दूसरों को चार बातें और बता पाते | तो इसके लिए आपके पास उस क्षेत्र का ज्ञान होना बहुत जरूरी है | तो इसके लिए सबसे पहले आपके उच्च लक्ष्य होना बहुत जरूरी है, और उस लक्ष्य के बारे में ज्ञान होना बहुत जरूरी है | तब ही आप एक अच्छा निर्णय ले सकते हैं और अपने सपनों को पूरा कर सकते हैं| इसके बीच में जो भी बांधाएं या चुनौतियां आती हैं तो उसका आप हल आत्म-विश्वास से कर पाएगे |

लेखकः-अगर आपको ऐसा काम के लिए निर्णय लेना पड़े जिसमें बहुत ज्यादा रिस्क है तो तब आप कैसे निर्णय लेंगी?

तापसीः-अगर मुझे ऐसे काम के बारे में निर्णय लेना है जिसमें बहुत ज्यादा रिस्क है तो सबसे पहले मैं उसका निरीक्षण करके देखूंगी | इसमें मैं देखूंगी कि मैं अभी कहां हूं और अगर मैं यह रिस्क लेती हूं तो उसके बाद में कहां पहुंच जाऊंगी | इसमें मैं दोनों पहलुओं को मध्य रखकर निर्णय लूंगी | दोनों पहलुओं को तराजू में रखकर मैं नाप तोल निर्णय करूंगी और जो मेरी अभी की जिंदगी है उसका तुलना मैं उस जिंदगी से करूंगी जो मेरी इस रिस्क लेने के बाद हो जाएगी | दूसरा, इसके साथ यह भी देखूंगी की जो निर्णय ले रही हूं, क्या यह बहुत ज्यादा जरूरी है? और यह भी मैं देखूंगी कि इस निर्णय लेने से मेरे माता-पिता या दोस्तों या पर्सनल जिंदगी को ज्यादा प्रभावित तो नहीं कर रहा | तो यह सब चीजें हैं, जो मैं बहुत ज्यादा रिस्की निर्णय लेने के समय मध्य रखकर निर्णय लूंगी | उदाहरण के लिए मैंने ज़ब पानीपुरी बिजनेस शुरू किया तो उसमें मैं पैसा कमा सकती हूं या फिर इज्जत कमा सकती हूं | अगर मैंने यह दोनों चीजें ही नहीं कमाई, तो उसमें मैं क्या कमा सकती हूं? ज्ञान या फिर तजुर्बा | इकोनॉमिक्स में भी कहा गया है कि जितना आप रिस्क लेते हैं उतना ज्यादा आप कमा पाते हैं और अगर आप कमा भी नहीं पाते हैं तो उसमें आप सीखते हैं | अगर मैं असफल हो जाती हूँ तो किन कारणों से उस बिजनेस में असफल हुई | उन असफलता के कारण से सीख कर हम अपने बिज़नेस में आने वाले पड़ाव पर लागू करके उस बिज़नेस को बेहतर करने कि कोशिश करूँगी |

लेखकः-अगर आपको दो बीच में से किसी एक का चुनाव करना पड़े तो किसका चुनाव करेंगे और क्यों?

1.) जॉब Vs बिज़नेस

तापसीः- यह निर्भर समय पर करता है | क्योंकि मैंने जॉब भी की है और अब मैं बिजनेस कर रही हूं | मैंने ज़ब जॉब की उससे मैं संतुष्ट नहीं थी | क्योंकि जब मैं जॉब की तब मुझे लगा कि मेरी जो क्षमताएं हैं वह अधिक हैं तो उसका इस्तेमाल

इस जॉब के अंदर नहीं कर पाओगी | इसका पता तब मुझे लगा जब मैंने यह सब किया | तो मुझे लगा कि मैं अपनी क्षमताओं का प्रयोग दूसरों के लिए ही क्यों करू? दूसरों के लिये मतलब किसी एक कंपनी के लिए क्यों करू? अगर दूसरे के लिए करना ही हैं तो उसका इस्तेमाल अपने समाज के लिए क्यों ना करू | इसमें अपनी क्षमताओं का प्रयोग बड़े स्तर पर करके दूसरों को फायदा क्यों ना पहुंचाओ | तो वह क्षमताओं का इस्तेमाल मैंने बिजनेस वूमेन की तरह यहा किया है|

2.) रिलेशनशिप Vs मनी

तापसी:- इसलिए मैं यह नहीं कहूंगी कि रिलेशनशिप ही महत्वपूर्ण है या फिर पैसा ही सब कुछ है| इसमें है कि यह दोनों साथ-साथ चलेंगे| क्योंकि जब तक आपके पास पैसा नहीं है तब तक आपके साथ कोई रिश्ता भी नहीं रखना चाहता हैं | पर रिश्तेदारी में कुछ लोग आपको नीचे खींचने की बजाए आगे बढ़ने के लिए प्रेरित करते हैं जैसे कि माता-पिता, मेंटर ऐसे रिलेशनशिप को पैसों के लिए आप नहीं छोड़ सकते | इसमें दोनों चीजे साथ जाएंगी |

3.)वैल्यू Vs फ्रेंडशिप

तापसी:- फ्रेंडशिप भी महत्वपूर्ण है| पर, मेरे लिए इसमें वैल्यू सबसे ज्यादा महत्वपूर्ण है|

4.) फ्रेंड Vs करियर

तापसी:- इसमें भी यह दोनों जरूरी है | अगर आपके पास दोस्त है करियर नहीं है तो 90% चांस है कि वह दोस्त भी आपको छोड़कर चले जाए और आपके पास अच्छा करियर है पर आपके पास कोई दोस्त नहीं है, तो इसका भी कोई फायदा नहीं है | आपको एक इंसान जीवन मिला है और इंसानी जीवन में दोस्त का होना बहुत जरूरी है| हम अपनी इंसानी जीवन का मजा केवल अपने दोस्तों के साथ ही ले पाते हैं | मुझे नहीं लगता कि कभी भी दोस्तों के बिना हम अपनी लाइफ को एंजॉय कर सकते हैं | तो मेरे लिए यह दोनों जरूरी है |

5.) हैबिट्स (आदतें) Vs इमोशन

तापसी:- देखिए हैबिट्सपहले से नहीं बनती है इसे हमें खुद बनाना पड़ता है | कुछ आदतों को खुद बनाना पड़ता है और कुछ आदतों को छोड़ना पड़ता है | जब आप कोई आदत को बना लेते हैं तो वह आपके इमोशन के साथ जुड़ जाती है | मेरा जो लाइफस्टाइल है वह इस तरह का है कि जों मेरे मेरी हैबिट्स से मेल खाता हैं | मेरी हैबिट्स है कि मैं कभी भी बाहर का अनहेल्दी नहीं खाती हूँ या कोई जंक फूड नहीं खाती हूँ | क्योंकि यह आदतें मेरे इमोशंस के साथ जुड़ गई है | जब कोई जब कोई मुझे कोल्ड ड्रिंक पीने को या कोई मैदा की चीज खाने को बोलता है तो मैं नहीं खाती हूँ | तो मुझे लगता है कि हैबिट्स सबसे ज्यादा महत्वपूर्ण है| ज़ब कोई आदतें बनाते हैं तो यह हमारे इमोशंस के साथ जुड़ जाती है|

5.) हेल्थ Vs मनी

तापसी:- किसी टाइम मेरे पास पैसा नहीं था सिर्फ हेल्थ थी, और आज मेरे पास पैसा है पर हेल्थ नहीं है वह भी नहीं चलेगा | दोनों का होना बहुत जरूरी है | पैसे से आप हेल्थ बना सकते हैं और अगर आपके पास हेल्थ नहीं हैं तो आप पैसा नहीं बना सकते हैं | दोनों चीजें एक दूसरे के बिना अधूरी है| जैसे कि आपके पास पैसा बहुत है पर आपको कोई दिल की बीमारी है तो उसे पैसे का भी कोई फायदा नहीं है क्योंकि आपका सारा पैसा उस बीमारी के इलाज में खर्च हो जाएगा | दूसरी तरफ अगर देखे अगर आप बहुत ज्यादा हैल्दी हैं, पर आपके पास पैसा नहीं है तो आप हेल्थ को लम्बे समय तक बना कर नही रख पायेगे क्योंकि आजकल के समय में हर चीज पैसे से आती है | अगर आपने सोना है, खाना है, रहना हैं या फिर आपने अगर सेहत को भी सही रखना है उसके लिए भी पैसे की जरूरत पड़ती है | इसमें मैं यह कहूंगी कि हम किसी एक के साथ नहीं जा सकते हैं |

6.) करियर Vs पर्सनल मुद्दे

तापसी:- अगर आपके पर्सनल मुद्दे सही है तो उसके साथ भी आप करियर बना सकते हैं | आप को पर्सनल मुद्दों को साथ में लेकर ही चलना पड़ेगा, आप पर्सनल मुद्दों को पूरी तरह से इग्नोर भी नहीं कर सकते हैं | उदाहरण के लिए हमारा परिवार, हमारी सेहत और आजकल के नौजवान के लिए बॉयफ्रेंड गर्लफ्रेंड बनाना भी पर्सनल मुद्दों में ही आता है | आपको अपने करियर बनाने में इन पर्सनल मुद्दों के साथ कॉम्प्रोमाइज ना करें, यही सबसे अच्छा तरीका है | जैसे कि आप

अपने करियर बनाने में इतना बिजी है कि आपने अपने माता-पिता से बात करनी ही बंद कर दी है तो यह सही बात नहीं है | क्योंकि उन्होंने आपको पढ़ाया, लिखाया, इतना काबिल बनाया कि आप अपना करियर खुद बना सके | तो करियर इतना बड़ा नहीं हो सकता कि आप इन परिवार को छोड़कर करियर बनाने में लगे हो | दूसरा, यह हो सकता है कि आप अपने करियर में ज्यादा फोकस होने के कारण आप खाना समय पर ना खा रहे हो और डाइट सही समय पर ना ले रहे हो, एक्सरसाइज ना कर रहे हो तो जिससे आप के स्वभाव में चिड़चिड़ापन या गुस्से वाला हो गया हैं | तो भी करियर आपका अच्छा नही हो सकता है | अगर मैं करियर के पहलू से देखूं, तो करियर से कंप्रोमाइज करके, पर्सनल मुद्दों के साथ आगे नहीं बढ़ सकते हैं | आप सोचते हैं कि करियर तो फिर कभी बन जाएगा अभी बॉयफ्रेंड गर्लफ्रेंड बना लेते हैं| आपको समझना पड़ेगा कि जीवन बहुत अनमोल है और यह जीवन हमें काफी पुण्य कर्म करने के बाद मिलता है| हमारे लिए समय का हर पहलू बहुत ज्यादा मूल्यवान है जिसको हमें कभी भी खराब नहीं करना चाहिए | तो इसलिए मेरे हिसाब से यह दोनों चीजें साथ-साथ चलेगी |

लेखकः- आपके अनुसार अगर किसी निर्णय से रिलेशनशिप खराब हो रहे हैं तो उसे क्या करना चाहिए?

तापसीः- यह इस पर निर्भर करता है कि आपका उनके साथ कैसा रिश्ता है| हो सकता है कि वह चाहते ना हो कि आप आगे बढ़े, तो उसे वक्त आपको अपने निर्णय के साथ आगे बढ़ना चाहिए | कुछ लोग ऐसे भी हो सकते हैं कि यह आपने निर्णय लिया है उससे आपको शायद हानि भी हो सकती है | भविष्य में, आपको उस निर्णय से आप को पछताना पड़े तो आपको उस निर्णय को फिर से विचार करना चाहिए| क्योंकि वह रिश्तेदार आपके शुभचिंतक है | तो इसलिए अपने निर्णय को बदलने से पहले यह देखना जरूरी है की जो लोग आपको बता रहे हैं वह सच में आपका शुभचिंतक है या फिर ऐसे रिश्तेदार है जो आपको नीचे खींचने की कोशिश कर रहे हैं | तो इन तत्वों पर आपका निर्णय निर्भर करेगा |

लेखकः- अगर हमने लॉन्ग टर्म में कुछ गोल बनाना है तो उसका निर्णय कैसे करना चाहिए?

तापसीः- लॉन्ग टर्म और शॉर्ट टर्म गोल दोनों अलग चीज नहीं होते हैं | इसके लिए सबसे पहले आप अपना कोई एक एंबीशन निर्धारित कीजिए | आप करना क्या चाहते हैं? इसके लिए सपना देखे और उसे सपने तक पहुंचने के लिए आप उसके लिए रोड मैप बनाएं | इस रोड मैप में जो अलग-अलग स्टेजस आएगी | उन स्टेजस का विभाजन कर दे, ऐसा करके आपको छोटे-छोटे गोल मिल जाएंगे | जैसे-जैसे आप इन छोटे गोल को पूरे करते जाएंगे, आप देखेंगे कि आपने एक बड़ा गोल को भी पूरा कर लिया है|

लेखकः-आपके अनुसार अगर कोई स्टूडेंट के घर हालत अच्छे नही हैं तो उसे पढ़ाई के साथ काम करना क्या एक अच्छा निर्णय हैं या नहीं?

तापसीः- देखिए घर के हालात अच्छे हो या ना हो अगर आप काम करना चाहते हैं तो आप किसी की उम्र में कर सकते हैं | यह इस पर निर्भर करता है कि आप उसे जबरजस्ती ना करवा रहे हो | हमारे भारतीय संविधान के अनुसार हम किसी बालक से काम नहीं करवा सकते हैं या किसी बच्चे को अपने काम पर नहीं रख सकते हैं| अगर आप अपनी मर्जी से काम करना चाहते हैं तो आपको पूरी स्वतंत्रता है कि आप काम को कर सकते हैं| कई बार क्या होता है कि कई बच्चों की दिमागी शक्ति इतनी होती है कि वह हर काम को आसानी से कर लेते हैं, एक बिहार का छोटा सा बच्चा है उसका मैंने जोश टॉक में इंटरव्यू सुना था | वह लड़का अपनी उम्र के बड़े स्टूडेंट को ट्यूशन पढ़ाता है | अगर आप कॉलेज में हो, स्कूल में हो, जहां भी हो आप वहां से आप शुरुआत कर सकते हैं |

लेखकः-अगर आपने निर्णय ले लिया है और बाद में परिस्थितियां बदल जाती हैं तो आपका निर्णय वही रहेगा या बदल जाएगा? अगर बदल जाएगा तो आपने पहले निर्णय लिया था उससे क्या आप संतुष्ट नहीं थे?

तापसीः- ऐसा नहीं है कि जो मैंने निर्णय लिया और परिस्थितियां बाद में बदल गई तो मैंने वह निर्णय ना बदलने की कसम खाई थी | उस निर्णय पर मैं क्यों अटल रहूं जिससे मुझे पता चला कि इस से मुझे कोई फायदा ही नहीं हैं | जैसे कि मैंने ऐसी जगह पर कार्ट लगाई जहां पर लोग आते ही नहीं है | पहले मैंने सोच विचार कर उस जगह पर मैंने कार्ट लगा दी, पर अब मुझे पता चला है की वहा सारा दिन

में बस 10 से 12 लोग ही आते हैं | अगर लोग ही नहीं आएंगे तो पानीपुरी कौन खाएगा? तब मैं अपने निर्णय पर अड़ी नहीं रहूंगी | मुझे जब पता चला कि क्या वजह थी? जिसके कारण मेरी कार्ट नहीं चल रही है तो मैं अपनी निर्णय को तुरंत बदलने की कोशिश करूंगी और यह निर्णय मैं इसलिए नहीं बदलूंगी क्योंकि मैंने पहले निर्णय गलत लिया था | हो सकता है कि जब मैं निर्णय लिया था तब वहा पर मेला लगता हो | जब मेला लगा हुआ था तो वहा पर लोगों की संख्या ज्यादा थी तो इस हिसाब से मेरा निर्णय सही था | कुछ दिनों बाद जब मेला खत्म हो गया तो वहा पर अब कोई आता ही नहीं है | जितने दिन के लिए मेला लगा था तब तक मैंने निर्णय लिया था उस वक़्त तो मेरा काम अच्छा चल रहा था | अब वहा मेला खत्म हो गया हैं तो मैं अपने निर्णय को बदल लूंगी, क्योंकि मैंने यहा से सीखा कि यहा पर यह गड़बड़ है | तो उस निर्णय को आप तुरंत बदलो और आगे बढ़ चलो | यह सही नहीं है कि आपने एक निर्णय लिया उस पर सटे रहो और उसकी वजह से अपने आसपास के लोगों को या ख़ुद का नुकसान करते रहो |

लेखक:-आपके अनुसार शादी का निर्णय खुद का होना चाहिए या फिर माता-पिता का? और कितने प्रतिशत भागीदारी माता-पिता की होनी चाहिए और कितने प्रतिशत खुद की होनी चाहिए?

तापसी:- शादी का निर्णय ऐसे होना चाहिए जिसमें दोनों की भागीदारी हो, अपनी भी और माता-पिता की भी | क्योंकि आप अपने निजी पसंद के साथ आप किसी इंसान को चुनेंगे और आपके माता-पिता अपने निजी पसंद के साथ चुनेंगे | इसमें कुछ चीजें होंगी जैसे की उनके लाइफ के खुद के तजुर्बे और कुछ अच्छी इंटेंशन होंगी | जब आप दोनों का 50-50% रखेंगे तब ही जाकर कोई अच्छा निर्णय ले पाएंगे | ऐसा इसलिए मैं कह रही हूं क्योंकि पुराने समय में बच्चों से उनके विचार पूछने का मौका नहीं दिया जाता था | पर आज के समय में, लड़का और लड़की एक दूसरे को पसंद करें, उनके विचार एक दूसरे से मिलने चाहिए | तब जाकर परिवार को वहा जाकर खुद देखना चाहिए और तब जाकर निर्णय लें कि वह परिवार वाले कैसे हैं अच्छे हैं या बुरे हैं| जिससे उसकी लड़की की शादी की जा रही है, वहा उनकी लड़की जाकर रह पाएगी या नहीं रह पाएगी | सारी चीज देखकर फिर जाकर एक शादी का रिश्ता होना चाहिए | क्योंकि शादी एक अटूट रिश्ता होता है इसमें आप अपनी पूरी लाइफ का यात्रा तय करते हैं | इसलिए इसमें दोनों की 50-50% भागीदारी होनी जरूरी है|

लेखक:- एक इंसान ने कई गोल बना रखे हो तो उसे कैसे निर्णय लेना चाहिए?

तापसी:- इसमें सबसे महत्वपूर्ण यह है कि उसे रिस्क लेने के लिए हमेशा तैयार रहना चाहिए | वह ऐसे निर्णय ले ताकि अगर निर्णय उसे प्रभावित भी करता है, चाहे वह लड़का है या लड़की है तो भी वह रिस्क को आसानी से ले सके |

लेखक:- एक लीडर के अनुसार निर्णय लेना उसके लिए कितना महत्वपूर्ण है?

तापसी:- एक लीडर का बहुत महत्वपूर्ण रोल होता है निर्णय लेना | लेकिन अपने टीम की सहमति और बात करने के बाद ही लीडर को सही निर्णय पर पहुंचना चाहिए | उसे पहले सोचना चाहिए कि क्या यह निर्णय उसी के लिए अच्छा होगा या फिर उसकी टीम के लिए भी | वह उसे तब पता चलेगा जब वह टीम वालो की भी राय सुनेगा | क्योंकि अकेला लीडर अपने आप में कुछ नहीं है, जो उसकी टीम निर्णय लेने को बोलती है तो वही निर्णय लीडर का निर्णय होता है |

लेखक:- किसी दबाव में आकर या किसी इमोशन में बहकर लिए गए निर्णय का नतीजा कैसा हो सकता है?

तापसी:- जब भी हम किसी दबाव में निर्णय लेते हैं तो उसका नतीजा बहुत बुरा हो सकता है | इसमें वही कंसेप्ट आता है कि हमें तुरंत निर्णय लेना चाहिए या फिर समय लेना चाहिए | अगर आप इमोशनली स्थिर न हो, आप उदास होते हैं, क्रोधित होते हैं, तब उस वक्त कोई निर्णय न ले| तब आपको इंतजार करना चाहिए और अपने आप को शांत स्थिति में लाना है | उदाहरण के लिए अगर मैं गुस्से में किसी को निकाल दूं और ज़ब मैं शांत हूँ | तब मुझे पता चले की जिसे मैंने निकाला है वह तो कंपनी का पिलर था | ऐसा करके मैंने अपना ही नुकसान कर लिया ना, इसका एहसास मुझे तब होगा जब मैं शांत होंगी | जब भी आप गुस्सा होते हैं, उदास होते हैं, या खुश होते हैं तो तब आपको तुरंत निर्णय नहीं लेना चाहिए | आपको थोड़ा समय लेने के बाद ही निर्णय लेना चाहिए |

लेखकः-आप अपनी टीम में कैसे व्यक्ति का चुनाव करेंगे,एक जो बहुत तेजी से निर्णय लेता है या फिर आराम से निर्णय लेता है?

तापसीः- जो बहुत तेजी से निर्णय लेता है, हो सकता है कि धीरे निर्णय वाले से इसकी क्षमता ज्यादा हो | जैसे कि सोचने की शक्ति, निर्णय लेने की शक्ति, बुद्धिमता का स्तर तो मैं इसे चुनूँगी | अगर दोनों का सोचने विचारने का, उनकी बुद्धिमता का स्तर बराबर है तो मैं धीरे निर्णय लेने वाले का चुनाव करुंगी | क्योंकि जो आराम से निर्णय लेता है वह दिमाग के अंदर ही खुद ही निरीक्षण करके देख लेगा और उस चीज को अपने दिमाग में प्रैक्टिकल होता हुआ की कल्पना कर लेगा और यह भी विचार कर लेगा कि अगर मैं इसका चुनाव कर लेता हूं तो उसके क्या मुझे परिणाम मिलेंगे | ऐसा सोच विचार के निर्णय लेता हो, तो उसके सफलता पाने के चांस बहुत ज्यादा हो जाते हैं |

लेखकः- आप के अनुसार निर्णय लेना क्या एक कौशल हैं या फिर कला हैं ?

तापसीः- निर्णय लेना कुछ ही लोगों में कौशल हो सकता है, पर आप ज्यादातर लोगों में देखेंगे कि यह कला से आता है | जब इंसान समय के साथ सीखता है तब उसके निर्णय लेने की कला बढ़ती जाती है | उसके बाद वह धीरे-धीरे निर्णय लेना अपनी कला बना लेता है | क्योंकि इसमें वह पुराने तजुरबे को अपनाता है |

लेखकः- आपके अनुसार स्टूडेंट को अपनी लाइफ में निर्णय लेना कैसे सीखना चाहिए?

तापसीः- अगर स्टूडेंट है या फिर बच्चा है तो उसको निर्णय लेने के लिए अकेला छोड़ देना चाहिए | उस पर कोई निर्णय लेने में कोई रोक-टोक नही लगाना चाहिए | उसके निर्णय लेने को कला को दबाने की कोशिश ना करें, वह जितने भी गलत और अटपटे निर्णय लेगा उतना ही ज्यादा वह सीखेगा | इसमें एक रेशों आप देखेंगे कि जो बच्चे को निर्णय नही लेने दिया जा रहा था और दूसरी तरफ, जिन बच्चों को निर्णय लेने के लिए खुला छोड़ रखा था | तो आप देखेंगे कि, उनमें से वह बच्चे तेज होंगे जिन्हें निर्णय लेने के लिए खुला छोड़ गया था | वह बच्चे बहुत आगे बढ़ जाएंगे बनाम जिन्हें निर्णय नही लेने दिया जा रहा था | वह छोटी मोटी जॉब जैसी

चीज़ों में ही होंगे | दूसरे, अपने लाइफ में बहुत आगे बढ़ चुगे होंगे | क्योंकि उन्होंने वह सारी चीज सीख ली खुद के निर्णय लेने से | क्योंकि आप जितना ज्यादा गलत निर्णय लेते हैं उतना ज्यादा आप सीखते हैं | यही एक कारण होता है माता-पिता अपने बच्चों को निर्णय लेने नहीं देते क्योंकि उन्हें डर होता हैं कि उनका बच्चा कोई गलत निर्णय ना ले लें | गलती को ना करने के लिए रोकना भी गलत ही हुआ ना |

लेखक:- हमारी आज की पीढ़ी निर्णय लेने या चुनाव करने से क्यों कतराती है?

तापसी:- आज की पीढ़ी इसलिए कतराती है क्योंकि उन्हें सबसे बड़ा डर रहता है, क्या कहेंगे लोग? आज की पीढ़ी को इस चीज का सबसे बड़ा डर रहता है | जब कोई इस डर पर काबू कर लेता हैं या फिर उसे किसी चीज का फर्क नहीं पड़ता, चाहें समाज कुछ भी सोचे, जो कुछ भी कहें | चाहें समाज मुझे गालियाँ देगा या फिर अच्छा कहेगा, मुझे इस बात से कोई फर्क नहीं पड़ रहा | एक लड़का हो कर यह सोचने के कतराते हैं कि मैं साड़ी पहन कर रोड पर निकल सकता हूँ | मैं निकलना तो चाहता हूँ लेकिन समाज के डर से मैं यह निर्णय नहीं ले पा रहा हूँ कि मैं साड़ी पहनू या फिर नहीं | क्योंकि एक समाज में अपने ही नियम बना रखे है और उनकी खुद की धारणा बनी हुई हैं कि लड़का हैं तो ऐसे कपड़े पहनेगा और अगर लड़की हैं तो वह वैसे कपड़े पहनेगी | पर आपका मन तो साड़ी पहने का कर रहा था | पर आप नहीं पहन पाए क्यों की आप उसका निर्णय ही ले पाए | निर्णय लेना बहुत महत्वपूर्ण हैं, हमारी ज़िन्दगी में | आप ने निर्णय लिया और आप साड़ी पहन कर निकल जाते हैं | हमारे समाज में दो तरह के लोग होते हैं, एक जो आपकी सराहना करते हैं | दूसरे वो, जो आपका विरोध करते हैं, क्योंकि उन्होंने वैसे निर्णय कभी लिया ही नहीं |

लेखक:- आपके अनुसार इमोशनल निर्णय कैसे लेने चाहिए और आप कैसे लेती हैं?

तापसी:- मैं अपने इमोशंस को अपने ऊपर हावी नहीं होने देती हूँ | मैं लॉजिकली निर्णय लेती हूँ, मेरे जो इमोशंस है उन्हें मैं अपने कंट्रोल में रखती हूँ | मैं अपने आप को मेंटली रूप से असमर्थ नहीं होने देती | क्योंकि मैं मेडिटेशन करती हूँ और

अच्छा खाना खाती हूँ | जब हम मेडिटेशन करते हैं और अच्छा खाना खाते हैं तो आपकी दिमागी क्षमता बहुत ज्यादा बढ़ जाती है | आपका दिमाग बहुत स्थिर रहता है और अपने लक्ष्य की तरफ फोकस ज्यादा रहता है | मेरे साथ बहुत ही कम ही होता है, कि मैं इमोशनली चीजों में बह जाऊं | जैसे कि किसी ने मुझे गलत बोल दिया तो मुझे उसकी बात मेरे दिल को लग गई | मैं बहुत लॉजिकली और प्रैक्टिकल सोचती हूँ, अगर किसी ने मुझे गलत बोला तो मैं सोचूंगी कि यह मेरे भले लिए बोला गया है या गलत के लिए बोला | अगर गलत के लिए बोला तो मैं उसे वहीं छोड़ दूंगी और यही सोचूंगी की लोगों का काम हैं कहना | मैंने इसे मैं प्रैक्टिकल देखा, ना कि मैं इमोशनली लिया | अगर उसने इसलिए बोला जो मुझे अच्छा बना सकती है, तो उसे मैं अपना लूंगी और उसमें सुधार लाने की कोशिश करूंगी | मैं इमोशन में इतना बहती नहीं हूँ क्योंकि मैं मेडिटेशन करती हूँ | जिसका अपने इंद्रियों पर कंट्रोल रहता है वह इमोशन में नही बहते है |

लेखक:- क्या आप अपने निर्णय लेने के लिए किसी की मदद लेते हैं?

तापसी:- हां, मैं निर्णय लेने के लिए दूसरों की मदद लेती हूँ | जो मुझे सही व्यक्ति लगता है | मुझे लगता है कि यह व्यक्ति इसमें सही राय दे सकता है | जैसे कि मेरी जो मार्केटिंग की प्लानिंग है, तो उसमें कोई मार्केटिंग हेड या कोई इसमें महान व्यक्ति जो मेरे जान पहचान का है | उससे मैं पहले बैठकर बात करूंगी और उसे समझने कि कोशिश करूंगी | मैं हर उस व्यक्ति से हेल्प लूंगी जों मेरे उस विषय से संबंध रखता हैं और तब मैं अपने निर्णय पर आऊंगी कि मैं इस विषय में क्या कर सकती हूँ | मैं उसे हर इंसान से मदद लेने की कोशिश करती हूँ जो मुझसे ज्यादा जानता है | अंत में जो निर्णय होता है, वह मेरा खुद का ही होता है | जिससे मैं उस निर्णय के परिणाम के लिये किसी और को दोषी ना मानो | बाद मैं यह ना कहूँ कि इसकी वजह से मैंने निर्णय गलत लिया | जो भी परिणाम हो, उसका मैं खुद ही सामना कर सकूं |

लेखक:- आपके अनुसार समाज में निर्णय लेने वाले कि क्या भूमिका होती है?

तापसी:-एक इंसान वह होता है जो निर्णय नहीं लेता है | दूसरा वह इंसान होता है जो खुद के निर्णय लेता है उस से सीखता है और आगे बढ़ता है | अब मेरा

ही उदाहरण लें लीजिए मैंने निर्णय लिया कि मैं बटेक करते-करते स्वस्थ भारत बनाऊंगी | हैल्थी वर्जन ऑफ फूड हर जगह उपलब्ध करवाऊंगी | यह बात कई लोगों के लिए सोचना भी बहुत बड़ी बात है | कई बार क्या होता है कि लोग सोच भी लेते हैं पर उसे अपनी असल जिंदगी में लागू करना, यह बात उस से भी बड़ी बात होती है | क्योंकि जब आप उसे असल जिंदगी में लागू करते हैं | एक सपने को अपनी ऐसी असल जिंदगी में बदल रहे होते हैं | तब आप एक यात्रा में होते हैं और उसे यात्रा में आप बहुत उतार-चढ़ाव देखते हैं | उन उतार-चढ़ाव का सामना करते हैं, तब आप ने उस वक्त उस सपने को छोड़ दिया, तब तो आप उसे मंजिल पर नहीं पहुंच पाएंगे | अगर आप ने उनका सामना करते हुए, लड़ते भिड़ते हुए अपनी मंजिल पर पहुंच जाते हैं तो ही लोग आपको पूछते हैं | पूछते ही नहीं है, लोग पूजते हैं |

"सबसे बड़ी बात यह है कि सपने तो बहुत लोग देखते हैं | पर जो उन सपनों को हकीकत में बदलने का दम रखता है, उसे ही लोग पूछते हैं और पूजते हैं | उसका समाज में अपना खुद का अस्तित्व होता है |"

लेखक:- आप अपने बिजनेस के निर्णय कैसे लेती हैं? खुद ही लेती हैं या आप किसी की मदद लेती हैं?

तापसी:- आमतौर पर मेरे पास विचार होते हैं और उन विचारों को मैं अपनी टीम के साथ या सही व्यक्ति के साथ बातचीत करती हूँ | हमें क्या करना है और कैसे करना है उन चीजों को प्लान किया जाता है | फिर उसके बाद में कोई निर्णय लेती हूँ और यह मेरा अकेले का निर्णय नहीं रहता है | अंत में, मैं अपने निर्णय को रोक कर रखती हूँ कि हमने यह काम करना है कि नहीं और यही सब अधिकार में अपनी टीम को भी देती हूँ | जब तक मैं किसी उचित व्यक्ति से इसके बारे में बात नहीं कर लेती या अपनी टीम से बात नहीं कर लेती | तब तक इसे मैं पूरी तरह से लागू नहीं करती |

लेखक:- क्या Luck जैसी चीज होती है? अगर हां होती है, तो हमारे निर्णय लेने की शक्ति से बड़ी होती है |

तापसी:- जब आप निर्णय ले लेते हैं तब उसे साबित करने की कोशिश करते हैं | ऐसा नहीं है कि कोई मेरे से ज्यादा मेहनत नहीं कर रहा है | हो सकता हैं कि किसी काम को करने के लिए उसने मेरे से ज्यादा मेहनत किया हो और मैंने उस व्यक्ति से कम मेहनत की हो | पर वह कामयाबी मुझे मिल जाती है | तब उस वक़्त अपना लक काम करता है |

लेखक:- एक निर्णय लेने की शक्ति हमारे अंदर कैसे उत्पन्न होती है?

तापसी:- हमारे अंदर निर्णय लेने की शक्ति तब उत्पन्न होती है जब आप खुद से कोई काम करने के इच्छुक होते हैं | उदाहरण के लिए मुझे स्वस्थ भारत बनाना है | मैंने यह सपना बना लिया है | स्वस्थ भारत बनाना ही है, ठीक हैं | यह एक मेरा सपना है, पर उसके लिए मुझे पानीपुरी बेचना है | पानीपुरी बेचना कि इच्छा तब ही आपके अंदर उत्पन्न होगी, जब मुझे अपना कोई सपना दिखेगा | अगर मेरा सपना ही नहीं है, तब मेरे अंदर कोई भी इच्छा उत्पन्न ही नहीं होगी | अब इस निर्णय को लेकर मैं पानीपुरी बेचू या फिर कुछ और बेचू | यह निर्भर करता है कि आपने कैसा गोल या निर्णय लिया है |

लेखक:- क्यों कुछ व्यक्ति ही अच्छे निर्णय ले पाते हैं और कुछ लोग उम्र के हिसाब से अच्छे निर्णय नहीं ले पाते हैं?

तापसी:- आप हमेशा ही देखेंगे जो लोग ज्ञानी है या फिर जिन लोगों को ज्ञान है वह ही अच्छे निर्णय लें पाते हैं | इसका मतलब है कि जिनको प्रैक्टिकल तजुर्बा भी है और उसके साथ किताबी ज्ञान भी है किसी विषय के बारे में | किसी चीज के संबंध में आप को ज्ञान है तो वह व्यक्ति ही अच्छे निर्णय ले पाता है | जैसे कि आपने ही कहा कि कई लोगों कि ज्यादा उम्र हो जाने पर भी अच्छे निर्णय नहीं ले पाते हैं | क्योंकि कई लोगों को खाना भी बिस्तर पर मिल जाता है | इस से कोई मतलब नहीं कि आप 40 साल के हो गए हैं या 50 साल के हो गए हैं | अगर उन्होंने अपनी जिंदगी में कुछ करके ही नहीं देखा है | कभी प्रैक्टिकल तजुर्बा ही नहीं हुआ है | उन्होंने ऐसा कुछ किया ही नहीं है तो वह कैसे एक अच्छे निर्णय ले पाएंगे | अच्छे निर्णय तभी ले जाते हैं जब आपको कोई ज्ञान हो या किसी चीज के बारे में तजुर्बा हो |

लेखकः- क्या हमारी जिंदगी पूरी निर्णय लेने पर टिकी है या और कुछ और भी है जो हमारी जिंदगी को बेहतरीन बन सकता है?

तापसीः- हमारी जिंदगी निर्णय लेने पर नहीं उस निर्णय लेने के बाद उस पर काम करने पर ज्यादा टिकी है | निर्णय लिया आपने यह ठीक बात है, उदाहरण के लिए आपने निर्णय लिया कि मैंने Ph.D. केमिस्ट्री में करनी है | लेकिन निर्णय लेने के बाद उसके लिए काम भी तो करना पड़ेगा | उसके लिए आपने पढ़ना भी है, उसके लिए एग्जाम फार्म भरना है, कॉलेज जाना है, उसके लिए किताबें खरीदनी है, आपको अपना उसके लिए टाइम मैनेज करना है और एग्जाम देना हैं | तो इसलिए निर्णय लेने से ज्यादा महत्वपूर्ण है, उसके लिए काम करना |

लेखकः-क्या निर्णय लेने हमारी पर्सनल लाइफ और प्रोफेशनल लाइफ में बदलाव आ सकता है?

तापसीः-हाँ, निर्णय लेने से आपकी पर्सनल और प्रोफेशनल लाइफ में बदलाव आ सकता है | मैंने निर्णय किया कि पिछले महीने जो मेरे हेल्थ का नुकसान हुआ उस से मेरा 10 किलो वजन कम हो गया | मैंने निर्णय लिया कि मेरा बिजनेस तो चल ही रहा है पर उसके साथ मैंने जिम जॉइन करना है और अपनी डाइट को मेंटेन रखना है| यह मैंने निर्णय लिया और इससे क्या होगा कि मेरे स्वास्थ्य में अगले महीने सुधार आएगा | कुछ ऐसा भी हो सकता है कि अगर कोई इंसान जो बहुत टॉक्सिक है, तो मैं निर्णय किया कि मैं इस इंसान से दूर रहा करूँगी | मैं इसकी कभी भी कंपनी में नहीं आऊंगी या इसकी संगत में नहीं आऊंगी | जब मैं निर्णय लिया, तो ही इन चीजों से मैं बाहर आ पाई | ऐसा करके मैंने अपनी दिमागी शांति को वापस पाया | प्रोफेशनल लाइफ में ऐसा देखेंगे, कि आपने जॉब करनी है या बिजनेस करना है | आपने निर्णय लिया कि जॉब करना तो मेरा काम नहीं है, तो मैं बिजनेस ही करूंगी | यह आपने जैसा निर्णय लिया वैसा ही आपकी लाइफ में बदलाव आ जाएगा | कहां आपने 9 से 5 तक जॉब करनी थी, पर अब आप 24 घंटे 7 दिन अपने बिजनेस को दे पा रहे हैं |

लेखकः- जों लोग निर्णय नहीं ले पाते हैं, वह कैसे खुद से निर्णय ले?

तापसीः- लोग निर्णय इसलिए नहीं ले पाते क्योंकि उनके पास ऑप्शन बहुत होते हैं | उदाहरण के लिए एक इंसान के सामने तीन चीजें रखी हैं चाय, कॉफी और जूस | अगर उसमें वह यह सोचने में टाइम लगाए कि क्या इसमें मैं पिऊ, तो यह टाइम ख़राब करने वाली बात हैं | उस वक़्त तो सोचने की जरूरत नहीं है | जब आप निर्णय नहीं ले पाते हैं, तब आंखें बंद करके किसी एक का चुनाव कर ले | बिना निर्णय किये आप किसी एक चीज को उठा ले क्योंकि इससे हमारे फ्यूचर पर कोई प्रभाव नही पड़ने वाला हैं | निर्णय लेते वक़्त समय उसमे लगाए जिसमें हमें फ्यूचर कि प्रेडिक्शन भी करनी पड़ती है |

लेखकः-सर रतन टाटा जी का एक कोट्स हैं "मैं जो निर्णय लेता हूँउसे सही साबित करने का दम रखता हूँ" | आपके अनुसार यह स्टेटमेंट आपके लिए कितनी सही है?

तापसीः-जी हाँ, यह बात बिल्कुल सही हैं | जैसे कि आपने एक निर्णय लिया कि मैं ऐसी टेक्नोलॉजी बनाऊंगा जिससे लोग हवा में उड़ने लगेंगे | यह आपने निर्णय तो ले लिया, आपको अपने निर्णय पर इतना विश्वास होना चाहिए कि वह चीज असल जिंदगी में भी हो सकती है | आपको उस चीज के होने का पूरा विश्वास होना चाहिए | जब आपने उस चीज को करके दिखाया तब लोगों को भी यकीन हो जाएगा कि यह आपका सही निर्णय था |

लेखकः-क्या महान लोग भी गलत निर्णय ले सकते हैं? अगर हाँ, तो उसका भुगतान कैसे करते हैं?

तापसीः-महान लोग या कोई भी लोग हो, जरूरी नहीं है कि उनके निर्णय गलत ना हो | गलत निर्णय या सही निर्णय हैं के नहीं यह तब तक साबित नही होता जब तक आप उसे साबित नहीं कर देते | जब आप साबित कर देते हैं तब ही वह निर्णय सही होता है | अगर वह निर्णय गलत है उस से कोई फर्क नहीं पड़ता है | क्योंकि आप गलत निर्णय से भी कुछ ना कुछ सीख लें ही लेते हैं | महान लोग गलत निर्णय ना लें यह जरूरी भी नहीं है और आप उस निर्णय का भुगतान तब करते जब आप उस निर्णय को छोडने कि बजाए ज़ब आप उस निर्णय से कुछ सीख कर, अपनी जिंदगी में लागू कर लेते हैं | उस लिए हुए निर्णय को देरी से ही सही साबित कर देते हैं |

लेखक:- आपकी जिंदगी में सबसे मुश्किल निर्णय कब लिया आपने?

तापसी:-सबसे मुश्किल निर्णय तो मैंने अपनी जिंदगी में कोई नहीं लिया हैं | मैंने अपनी जिंदगी में छोटे-छोटे निर्णय लेती हूँ, जो मेरी जिंदगी में बदलाव लेकर आता है | तो ऐसा मुश्किल कोई निर्णय नहीं हैं मेरी जिंदगी में |

लेखक:- ऐसा कुछ है जिससे आपको करने पर डर लगता है?

तापसी:- हाँ, मुझे डर लगता है | मुझे इस बात का डर लगता है कि जाने अनजाने में मेरी तरफ से किसी का दिल ना दुखे | मैं भगवान के सामने हाथ जोड़कर प्रार्थना करती हूँ, यही मांगती हूँ कि भगवान बस जाने अनजाने में मेरे से किसी का दिल ना दुखे और यही मैंने बचपन से सीखा है | मैंने यही सीखा हैं कि अगर मेरे से किसी का दिल दुखेगा, तो मेरे लिए यह अच्छा नहीं होगा |

लेखक:-आपका 2023 का सबसे महत्वपूर्ण निर्णय कौन सा हैं?

तापसी:- इस साल में सबसे महत्वपूर्ण निर्णय है कि मैं ऐसी एनजीओ बनाऊं इसमें हर पहलू को शामिल कर सकूं जैसे की शिक्षा, वातावरण, समाज सेवा और फूड इंडस्ट्रीज | जिससे इस समाज में मैं भला कर सकूं और यह निर्णय में इस साल तय किया है तो इसके लिए मैंने संगठन बनाने का सोचा है और शिक्षा जो हमारी जरूरी हैं वह केवल किताबों तक ही सीमित नहीं रहनी चाहिए | उसे मैं प्रैक्टिकल लोगों के अंदर लाना चाहती हूँ | इसके लिए मैं एक छोटा सा उदाहरण लूंगी | जैसे कि कोई व्यक्ति जिसने पोस्ट ग्रेजुएट या पीएचडी डिग्री कर रखी है और वह रास्ते से जा रहा है, और उसने मोमोज और कोल्ड ड्रिंक लिया और उसका रास्ते में खाना खत्म हो जाता है | तो वह क्या करते हैं कि जो प्लास्टिक की बोतल और प्लेट है वह बीच रास्ते में ही फेंक दे देते हैं | तो जो आपने किया वह शिक्षा कहां से आई, यह तो आपने नही सीखा था | आपने तो सीखा था रीसाइकिल, रीयूज, प्रकृति से प्यार करना और अपने देश को स्वच्छ रखो | वह आपकी शिक्षा केवल पेपर तक सीमित रह गई है | उस शिक्षा को हम बहुत पीछे तक छोड़कर आगे आ गए हैं | उन्हें यह बताया जाए, समझाया जाए कि आप उस जोन में रह कर देखो कि कितना हम प्रकृति को नुकसान पहुंचा रहे हैं | उसमें एक बार खुद जी कर देखो तब हमें पता चलेगा | असल ज़िन्दगी में वह हैं असली शिक्षा | जब वही लोग रास्ते में जाते-जाते

वहां पर डस्टबिन ढूंढें, अगर ना मिले तो वहां पर लाकर खुद रखें | ताकि आने वाले लोग उसमें कचरा डाल सके | यह हैं असल में सही शिक्षा | तो शिक्षा आपके अंदर दिखाई देनी चाहिए या फिर झलकनी चाहिए | जिससे पता लग सके कि यह हैं सच में पढ़े-लिखे | यह जरूरी नहीं है कि डिग्री लेने वाला ही पढ़ा लिखा हैं, हो सकता है कि आम इंसान जो रिक्शा, ई-रिक्शा चला रहा है वो इस काम को कर रहा हो | वह इंसान जो कुछ भी खा रहा है और उसके कचरे को डस्टबिन में जाकर डाल रहा है | तो कहीं ना कहीं शिक्षा तो उसके अंदर भी नजर आ रही है |

लेखकः-आपने कोई ऐसा निर्णय लिया हैं, जिसेआप को बादमेंबदलना पड़ा हो?

तापसीः- मैंने कोई निर्णय लिया और उसे बदलना पड़ा, इसका मतलब था कि शायद वह निर्णय सही नहीं था | यह हमारी जिंदगी का हिस्सा है, कोई भी इंसान भगवान नहीं होता है | हैं तो हम इंसान ही, और इंसान गलतियां करता ही है | जब हम गलतियां करते हैं तब हम सीखते हैं | मैंने कोई निर्णय लिया और उसे बदलना पड़ रहा है तो वह गलत था | अगर वह निर्णय गलत था या फिर कई बार ऐसे होता है कि हमने निश्चय कुछ और किया था वह चीजे और तरीके से चल रही है | तब मैं अपने निर्णय को बदलूंगी और कुछ और सोचूंगी | तो वह इससे भी बढ़िया हो सकता है | तब उस वक्त निर्णय को बदलने की कोशिश करूंगी |

लेखकः-क्या भावनात्मक बुद्धिमत्ता व्यक्ति को नैतिक निर्णय लेने में मदद करती है?

तापसीः- हां, भावनात्मक बुद्धिमत्ता व्यक्ति की नैतिक निर्णय में बहुत मदद करती है | जैसे कि मैं पहले भी बताया था कि गुस्से होने का उदाहरण दिया था | अगर हम अपने इंद्रियों को कंट्रोल करना जानते हैं, तो हमारे नैतिक निर्णय लेने में पूरी मदद करती हैं |

लेखकः- कुछ लोग निर्णय लेने में इतना समय क्यों लेते हैं ?

तापसीः- कुछ लोगों के साथ ऐसा होता है कि जब तक उन्हें पूरा विश्वास नहीं कर लेते, जब तक अपने विचारों को जी कर नही देख लेते तब तक वह निर्णय नहीं लेते

हैं | तब तक वह आगे नहीं बढ़ते हैं, अपने निर्णय को हरी झंडी नही दिखाते हैं | अपने विचारों में यह नही देख लेते कि मैं आईएएस बनने के लिए निश्चय किया है, जब मैं आईएएस बनूंगी/बनूंगा तब कैसे दिखूंगी/दिखूंगा?, मैं कहां जाऊंगी/जाऊंगा?, मुझे क्या अधिकार मिलेंगे?, जो मुझे अधिकार मिलेंगे क्या हम उसका आनंद ले पाऊंगी/पाऊंगा?, कितने लोग मुझे मेरे काम के लिए प्रशंसा करेंगे? इन सब चीजों को अपने विचारों में देख ना ले या इसका पूरा निरीक्षण नही कर लेते हैं या जब तक अपने दिमाग में उसकी तस्वीर नहीं बना लेते | तब तक वह निर्णय नहीं लेते हैं, इसलिए कई बार लोगों को निर्णय लेने में समय ज्यादा लगता है और कई बार ऐसा होता है कि लोग अपना समय खराब करने के लिए निर्णय लेने में विलंब करते हैं | यह निर्भर करता है कि वह किस तरह के लोग में से हैं |

तो यह थी हमारी तापसी जी से बातचीत निर्णय और चुनाव लेने के विषय के ऊपर | इसमें आपको जानकारी मिली होगी कि हम कैसे निर्णय ले सकते हैं? और किस तरह निर्णय को सही कर सकते हैं? | इसमें तापसी जी ने अपने विचार भी बताएं कि वह कैसे निर्णय लेती है | आपने यह भी जाना होगा कि निर्णय लेना हमारी जिंदगी में कितना महत्वपूर्ण है | तो अपनी जिंदगी में जल्दी से जल्दी निर्णय लेना सीखें| इसमें कोई शक नही हैं शुरुवात में आप गलतियां करेंगे, पर कुछ गलतियां आप को सिखाएगी| तो उस गलतियों से सीखे और अपने जिंदगी में आए मौके पर उस सीख को लागू करें |

*****

41

अंतिम विचार

याद रखें कि सभी जोखिमों और अनिश्चितताओं को पूरी तरह से खत्म करना असंभव है | हालांकि, इस पुस्तक में जो आपने सीखा उससे अपने निर्णय लेने के डर को कम कर सकते हैं और अधिक अनुकूल परिणाम की संभावना बढ़ा सकते हैं | निर्णय लेना या चुनाव करना को आप हर दिन बेहतर बना सकते हैं, जब आप निर्णय को हर दिन लेंगे | चाहें आप विद्यार्थी हैं, कर्मचारी हैं या फिर किसी कंपनी के मालिक निर्णय लेना तभी आपको आ सकता है जब उसके बारे में ज्ञान अर्जित करेंगे, उसके बारे में आप सीखेंगे, जानेंगे और उसका अपनी जिंदगी में तजुर्बा लेंगे |

अगर आप कोई गलत निर्णय ले लेते हैं, डरने की बजाय उसे सीखने की कोशिश करें और आने वाले समय में उसी को अपनी जिंदगी में अपनाए | तो निर्णय लेने से डरने की बजाय निर्णय को हर दिन छोटे-छोटे कामों में लेना चाहिए | कुछ ही दिनों में आप क्या देखेंगे कि आपको अपने आप पर इतना विश्वास हो जाएगा कि आप बड़े से बड़े निर्णय आसानी से ले पाएंगे और अपनी जिंदगी में आत्मनिर्भर बन पाएंगे | आत्मनिर्भर बनने के लिए या फिर इसी क्षेत्र में लीडर बनने के लिए निर्णय लेने की कला होना सबसे ज्यादा जरूरी है| तो इसी कारण मैंने यह किताब लिखी और अपनी सीखी हुई और अर्जित की हुई ज्ञान को आपके सामने पेश कर पाया | आज से ही अपने डर को दूर कीजिए और निर्णय लेना शुरू कीजिए | याद रखिये कि "स्वस्थ दिमाग़ से ही स्वस्थ निर्णय लें सकते हैं |"

*****

42

अभ्यास कार्य

1. इस पुस्तक की कौन-कौन सी बातें आपको अच्छी लगी और कौन सी सीख अपने जीवन में अपनाने वाले हो?

2. इस पुस्तक पढ़ने के बाद आपके अंदर निर्णय लेने की शक्ति में क्या फर्क आया?

3. आप अपनी निर्णय लेने की क्षमता को कैसे बड़ा रहे हैं? और निर्णय लेने के लिए कौन से तरीके अपनाते थे?

4. डिजिटल दुनिया में डेटा को माध्यम बना कर निर्णय लें |

5. अगर आप को निर्णय लेने में डर लगता हैं तो उस कारण को समझें और उस डर के कारण को खत्म करने के उपाय ढूंढे |

6. आप आपने जिंदगी में तेज गति से निर्णय लेने के लिए क्या क्या कर रहे हैं?

7. इस पुस्तक के बारे में अपने विचार साझा करें |

8. आप आपने जिंदगी में निर्णय किसी मदद लेते हैं ताकि आप सही निर्णय लें सके?

9. इस पुस्तक के पढ़ने के बाद आप अपने निर्णय लेने के कला में कितना सुधार आया | कृपा अपने निर्णय की कला को मूल्यांकन करे | 1 नंबर सबसे बुरे निर्णय के लिए 10 नंबर बेहतरीन निर्णय लेने के लिए |

43

सोशल मीडिया और फीडबैक

आप सब लोगों को इस पुस्तक के सब पाठ, प्रश्न-उत्तर कैसे लगे? कृपा करके अपने सुझाव और रिव्यु मेरे सोशल मीडिया प्लेटफार्म पर जिनका लिंक में नीचे दे रहा हूँ या जहाँ से आपने यह किताब खरीदी वहा जरूर दे | अन्यथा अपने सोशल मीडिया प्लेटफार्म पर इस किताब के साथ सेल्फी लें कर दो हस्टैग #JatinAcademy और #MasterYourChoice का प्रयोग करके अपने प्रतिक्रिया दे | यही कामना करते हैं मेरी इस किताब के हर पाठ में कुछ ना कुछ सीखने को मिला होगा और इस किताब को दूसरे के साथ अवश्य शेयर करे| अगर आपको इस किताब में कोई गलती मिलती हैं या कोई सुझाव हैं तो मुझें ईमेल पर भी भेज सकते हैं| मेरा ईमेल एड्रेस है Jatinsingh380@gmail.Com | अन्यथा मुझें सोशल मीडिया के प्लेटफार्म पर फॉलो कर लें:

- व्हाट्सप्प: https://whatsapp.com/channel/0029Va5iq3eCnA82jjG6PL3z या सर्च करें **Jatin Academy**
- **Instagram** : Instagram/@jatin.academy
- **Youtube** : @Jatin.Academy

आप मेरी कुछ किताबें और अन्थोलॉजी भी पढ़ सकते हैं जों बेस्ट सेलर रैंकिंग में आ चुकी हैं | उनके लिंक इस प्रकार हैं :

- **Buy My First PoetryBook in E-Book**

https://amzn.eu/d/52jRuJK

- **Buy My First PoetryBook in E-Book on Google Play Books**

https://play.google.com/store/books/details/
Jatin_Singh_Kalam_me_Jaan_Hai?id=q07TEAAAQBAJ

- **Buy My First PoetryBook in Paperback**

https://notionpress.com/store/search_book/1390896

- **Order Best Selling Book "Ethernal Echoes" Using Author Name as "Jatin Singh"** https://rzp.io/l/EternalRC
- **Order Best Selling Book "Verses Unbounded A Tapestry of Voices " Using Author Name as "Jatin Singh"**

https://rzp.io/l/VersesRC

My silent words and emotions

- Amazon:https://www.amazon.in/dp/
  9395174528?ref=myi_title_dp

- **Manda**:https://mandapublishers.com/product/my-silent-
  words-emotions/?v=56b5fbba0fe8
- **Swiggy**: https://mandapublishers.mini.store/products/
  805bbe6a-610a-47e3-bdd6-effdb148dc4c

www.ingramcontent.com/pod-product-compliance
Lightning Source LLC
Chambersburg PA
CBHW031413150726
47989CB00002B/645